VIVA PRA SE AMAR

VIVI BARBOSA

VIVA PRA SE AMAR

15 PASSOS PARA FAZER DO AMOR-
-PRÓPRIO UM ESTILO DE VIDA

academia

Copyright © Vivi Barbosa, 2022
Copyright © Editora Planeta do Brasil, 2022
Todos os direitos reservados.

PREPARAÇÃO: Karina Barbosa dos Santos
REVISÃO: Ana Maria Fiorini e Fernanda Guerriero Antunes
PROJETO GRÁFICO E DIAGRAMAÇÃO: Nine Editorial
CAPA: Anderson Junqueira
ILUSTRAÇÃO DE CAPA: Lilia Marchuk/Dreamstime

DADOS INTERNACIONAIS DE CATALOGAÇÃO NA PUBLICAÇÃO (CIP)
ANGÉLICA ILACQUA CRB-8/7057

> Barbosa, Vivi
> Viva pra se amar: 15 passos para fazer do amor-próprio um estilo de vida / Vivi Barbosa. - São Paulo: Planeta do Brasil, 2022.
> 160 p.
>
> Bibliografia
> ISBN 978-65-5535-800-1
>
> 1. Autoestima 2. Autoconhecimento I. Título
>
> 22-2878   CDD 158.1

Índice para catálogo sistemático:
1. Autoestima

 Ao escolher este livro, você está apoiando o manejo responsável das florestas do mundo

2022
Todos os direitos desta edição reservados à
EDITORA PLANETA DO BRASIL LTDA.
Rua Bela Cintra, 986, 4º andar – Consolação
São Paulo – SP – CEP 01415-002
www.planetadelivros.com.br
faleconosco@editoraplaneta.com.br

Dedico este livro à minha mãe, que é minha melhor amiga, minha terapeuta e conselheira, e a pessoa que me apresentou para o universo mágico do autoconhecimento, ao me levar para aulas de expressão corporal e saraus de leitura quando eu tinha só 10 anos.

E ao meu pai, que, mesmo sem saber, foi o maior motivo para eu buscar ajuda para me conhecer e me entender mais, e que sempre investiu na minha educação, que me deu escola, faculdade e cursos caros, por acreditar no meu potencial de um jeito que eu nem imaginava.

Agradecimentos

Nesta jornada em busca de aprender a amar a minha vida, entendi que todas as dores me ensinaram muito, e cada dia sem afeto por mim me trouxe até aqui. Aquele lance de valorizar o que a gente não tem é real. Parece que a mente funciona de um jeito birrento, sabe? Por isso, eu agradeço aos tombos que tomei, e às cabeçadas que dei e que me trouxeram até aqui. Escrevendo este livro, pude me lembrar de tantas coisas ruins que vivi e, ao contrário do que a maioria pensa, fiquei feliz em ver que venci o *bullying*; venci as crenças negativas; venci pessoas mal-intencionadas; e venci a mim mesma, quando não me entreguei para tudo e não deixei que as tristezas se transformassem em depressão. Então, dores e desamores: obrigada.

Agradeço também a cada aluna que se identifica comigo, pela dor ou pelo amor, e saiu das redes sociais para ser minha parceira neste livro também. Eu só posso dar aula se tiver pelo menos uma aluna disposta a aprender e compartilhar. Então, se uma ou milhares de pessoas lerem estas páginas: obrigada!

Em tempo, agradeço às pessoas próximas que me incentivaram durante este processo: aos meus pais, irmãos e sobrinha, que são a retaguarda de tudo o que vivo e sou e que, mesmo ao melhor estilo *A grande família*, são a melhor família do mundo; aos meus professores, Ronald Santos e Marcello Cotrim, que me ensinaram muito e, por isso, me fizeram evoluir e escrever tudo o que está aqui; e ao meu amigo Júlio, que foi meu aluno e que, desde antes de eu pensar que escrever um livro seria possível, já me dizia que eu tinha talento e capacidade para isso.

Com todo o meu carinho, gratidão!

Sumário

Eu vivi pra isso! _____ 11

1. **transform**ador _____ 22
2. per**doar** _____ 32
3. auto**estima** _____ 42
4. autor**respeito** _____ 51
5. **desapego** _____ 63
6. **afetue-se** _____ 71
7. **solitude** _____ 78
8. **queira-se** _____ 85
9. **amável** _____ 91
10. **relacionamentos** _____ 100
11. **autoimagem** _____ 112
12. **espelhe-se** _____ 121
13. **praticando** _____ 129
14. **recomeço** _____ 135
15. **realização** _____ 144

Viva pra se amar _____ 155
Referências _____ 158

Eu vivi pra isso!

> O amor, quando toca nossa alma, cura o que precisa ser curado; transforma o que precisa ser transformado. Nos guia. Nos protege. Nos ilumina.
> Magui (*Oráculo do pão*)

Quando aquela menina de 14 anos que sofria *bullying* por ser uma adolescente gordinha, e que resolveu desabafar fazendo um diário no computador, poderia imaginar que hoje, aos 36, estaria sentada naquele mesmo quarto, que agora já se transformou em escritório, de frente para uma janela, por onde a brisa entra de forma leve e acarinha seu rosto, escrevendo um livro para ensinar outras pessoas a se amar mais?

Pois bem, prazer! Eu sou aquela menina. E foi aqui, quando este ainda era meu quarto, que descobri, num diário cheio de angústias e medos por não amar meu corpo, o desejo de escrever um livro. E eu fiz isso. Naquela época mesmo. Todos os dias, antes de jantar, eu sentava no computador e escrevia, já na intenção de ser algo que outras pessoas pudessem ler e aprender para não passar pelas mesmas dores que eu estava passando: piadas bobas sobre o peso; brincadeiras de mau gosto vindas do menino de quem eu gostava e que só tirava sarro de mim; meninas que se diziam minhas amigas, mas que se atiravam no colo do tal garoto... tudo que hoje, você, mulher adulta que me lê, também pode passar.

Você deve estar se perguntando: "Mas, Vivi, então cadê o primeiro livro? O tal diário da adolescente?". Minha filha, acredita que, quando eu estava no clímax para realmente levar aquilo a sério, fomos passar o Carnaval na nossa casa em Ubatuba, e entrou ladrão na casa de São Paulo? Resumindo: roubaram meu computador – que era um Compaq colorido, tipo sonho naquela época. E, por mais absurdo que pareça, não existia nuvem, eu só sabia armazenar as coisas no disquete (isso é do seu tempo? Se não for, dá um Google, *please*). Então, perdi todas as minhas anotações. Até tentei fazer à mão, porque não consegui ter outro computador logo em seguida, mas talvez não fosse pra ser naquele momento. Talvez o momento certo seja agora, depois de 22 anos e muita, muita água ter passado por baixo dessa pontezinha que eu costumo chamar de vida.

O que eu posso te dizer para justificar a minha vontade ainda maior de transformar o que vivi e o que ensino para outras mulheres em livro é que, de acordo com a neuroplasticidade – que explica que nosso cérebro tem capacidade de se transformar de acordo com experiências vividas ou até assistidas –, você pode aprender com o que eu já vivi, sem precisar sofrer o que eu já sofri. Não é demais?!

Então, pra não te deixar com um hiato dos 22 anos de história que rolaram depois da primeira tentativa do livro de amor-próprio, vou resumir: eu segui anos e anos com altos e baixos na balança. E, por mais que isso não seja tipo "problema seu", faz todo sentido entender essa parte da história, já que esse foi o meu despertar para buscar ajuda emocional.

Emagreci depois dos 15 anos, e fiquei até os 23 como o que o mundo chama de "magra". Passei pela faculdade muito melhor do que pelo colégio, tive meu primeiro namorado oficial aos 19 anos, quando perdi minha virgindade, e vale dizer que, mesmo magra, restavam muitos medos sobre meu corpo. Talvez por isso o sexo tenho chegado mais tarde na minha vida.

Depois disso, aparentemente tudo certo: terminei a faculdade de Jornalismo, queria ser tipo a Fátima Bernardes, mas entrei num estágio na reta final do curso que já mudou o rumo da minha carreira. Fui trabalhar em um canal de TV aberta, desses a que todos nós assistimos, e descobri que eu detestava aquele mundo. Aos 21, formada, e sem rumo na carreira, voltei pra área bancária, em que eu trabalhava antes do estágio, e que me deixou de herança uma enxaqueca nervosa.

Você deve estar pensando: *Mas o que isso tem a ver com amor-próprio?* E eu digo: TUDO! Não gostava daquele universo do banco, cheio de cobranças e pressões, com metas absurdas, então estar lá me adoecia. Crises de enxaqueca eram diárias, e eu tinha ZERO ânimo para cuidar de mim. Resultado: voltei a engordar. Em pouco mais de um ano, passei dos 63 kg para os tais 80 e poucos, e aqueles monstros do livro da Vivi adolescente voltaram quase como uma porrada no meu peito.

Eu namorava naquela época e, mesmo depois de voltar a usar calça 46, em um dos meus aniversários, ganhei uma calça número 38 "sem querer" do alecrim dourado nada tóxico que eu chamava de parceiro. Claro que o namoro tinha N queixas de ambas as partes, mas o lance das inseguranças com meu corpo me fazia ceder, tentar agradar sempre, como se o fato de eu ter voltado a engordar anulasse tudo de maravilhoso que eu já tinha oferecido e ainda oferecia para ele enquanto namorada.

Quando estávamos juntos fazia uns dois anos, comecei a mergulhar no universo do autoconhecimento. Minha mãe é psicóloga, e eu também estudei psicologia na faculdade, então era algo que me encantava. Ali eu entendi que precisava de ajuda mesmo. Percebi que muitas atitudes do meu então namorado eram idênticas às do meu pai com a minha mãe. E aí, mulher de Deus, mexi num baita vespeiro. Porque, até então, eu achava que meus problemas eram ter o "bucho quebrado" e não ter o tal "bumbum na nuca". Quando comecei a estudar minhas emoções, descobri que meu maior medo era não ser amada. Principalmente porque eu não me sentia amada pelo meu pai.

Nas mais diversas linhas da psicologia, desde Sigmund Freud, criador da psicanálise, a Bert Hellinger, criador das constelações familiares, aprendemos que o afeto dos pais é o primeiro contato com o amor que as crianças têm. Ou seja, o desamor ali pode causar altos índices de rejeição ao longo da vida. Até acreditar que alguém não te ama, mesmo que não seja verdade, já é suficiente para arruinar as emoções.

A grande sacada do autoconhecimento é que ele realmente liberta desse tipo de crença. Você vai buscar respostas reais, e não os achismos da mente, para entender muitas crenças, como por que meu pai não me amava. E olha que coisa boa: anos depois desse começo, eu estou aqui para dizer que consegui mudar meu olhar sobre essa relação. Eu nunca fui rejeitada pelo meu pai. Muito pelo contrário. Ele me ama muito. Tanto quanto eu o amo. Ele apenas aprendeu a demonstrar o afeto de uma forma diferente da minha e, para compreender o amor, precisamos entender que cada um tem seu jeito de amar, porque tudo depende da forma como fomos criados, ensinados e amados. Na época da escola, por exemplo, entendi que só poderia aprender inglês se alguém me ensinasse. Então, por que amar seria diferente?

Nunca faltou amor da parte do meu pai por mim. Fecho os olhos e me lembro dele cuidando de mim de madrugada, quando eu vivia com febre, me recordo dele fazendo compressa enquanto minha mãe descansava. Lembro que eu só ia tomar injeção com ele. Lembro também de quando passei mal depois de adulta e me deram um remédio errado, e ele entrou no meio da sala de medicamento e mandou o enfermeiro arrancar aquilo do meu braço porque ficou com medo de me ver passando mal. Lembro da minha primeira palestra, aos 16 anos, na escola, em que ele ficou surpreso com a forma como falei em público e, no fim, veio e disse, direto: "Você nasceu pra isso, Vika" – como ele me chama até hoje. Claro que meu pai sempre me amou. Mas ele me ama do jeito que ele é: mais duro, sistemático, mas com todo o afeto que ele sempre pôde me dar.

É, tinha amor. Mas descobri que faltava algo importante entre mim e meu pai: compreensão. E quando comecei a perceber que cada um dá e demonstra o amor da forma que aprendeu, descobri que eu poderia mostrar mais para ele sobre o que é amor de verdade, com mais afeto, mais carinho e menos frieza, cobrança e distanciamento, que foi a forma como ele aprendeu a amar e como eu também agia com ele. E aí, eu entendi o significado da lei da ação e reação, que aprendi em tantos dos cursos que fiz ao longo da vida.

Não adianta: na maior parte da vida vamos julgar e questionar o outro pelo que sentimos que ele deveria nos dar. Mas de vez em quando é bom saber que cada um tem dentro de si suas próprias dores e formas de ver a vida, e que impor nossa medida na régua do outro é só mais uma maneira de se autoflagelar. Enquanto achei que meu pai era o culpado pela minha falta de amor na vida, não tinha como resolver. Afinal, ele era o responsável. Quando criei coragem de olhar para isso, percebi que o primeiro passo do autoamor tem a ver com responsabilidade. É a minha vida. Minha forma de amar. Meu pai não era o responsável, mas eu sim. E aí... a chave começou a virar.

Percebi, nessa viagem de autoconhecimento, que me sentir amada é uma questão minha, e não do meu pai ou de um namorado. A carência era grande sim, mas não porque meu pai não me amava, e sim porque eu não me amava. Qualquer amor que viesse de fora não conseguiria suprir o que faltava aqui dentro, nem se o namorado fosse um príncipe – se bem que os meus tinham mais a ver com sapos.

E é aí que eu te digo mais: nessa onda de curar minhas emoções e parar de descontar tudo na comida, e me amar mais, comecei a perceber que os tais namorados realmente tinham um padrão mais sapo do que príncipe. OH! Deus, mais uma treta pra resolver. Sim, se amar depende da coragem de tirar o lixinho emocional do peito, mulher. Então, se você quer que eu te ajude a se amar mesmo, se prepara, porque a gente vai fazer uma limpa aí.

A mesma limpa que eu fiz pra cair fora de relações vazias, cheias de mentira, e até tóxicas. Tive poucos namorados oficiais e alguns não oficiais, porque, quando a gente não se ama, cai em papo de contatinho que não tem consideração nem respeito pelos seus sentimentos, e vive "ficando" com quem não te leva a sério. E também tive um período bem longo de solteira. Foram sete anos sem apresentar ninguém em casa. E hoje eu agradeço por cada dia desses anos sem nada sério, que foram preciosos para curar as feridinhas do meu coração.

O primeiro namorado você já sabe, foi o fofo que me deu uma calça quase dez vezes menor do que meu tamanho. Disso você já pode imaginar como era o romance. Não? Ah, então deixa eu contar rapidinho. Era uma relação comum. A gente passeava junto, conhecia amigos e família, dormia junto de fim de semana, nada fora da casinha. Masss – sempre tem um mas, né, minha filha? – eu vivia mais tempo sozinha do que com ele. O trabalho, a família, o vizinho, o esporte, a bateria, tudo isso vinha antes do nosso namoro na lista de prioridades dele. E eu, sem amor-próprio nenhum, aceitava. Fui traída. Descobri. Mas eu sentia tanta culpa por ter engordado depois que comecei a namorar, que eu continuava ali. Mesmo sem estar feliz. Foi aqui que comecei a me aprofundar em terapias em grupo, cursos de bioenergias, chacras, tarô, regressão em memória, e passei a usar o *não*, uma palavra mágica e que tem muito a ver com o que quero te ensinar neste livro, para me respeitar e me defender mais, até conseguir colocar um ponto-final nesse romance nada romântico.

O segundo namorado era um colega de trabalho. A história surgiu de repente, e a gente tinha um total de zero coisas em comum. Mas minha autoestima estava tão lá no pé que o primeiro sapo que sorrisse para mim viraria príncipe, e de novo foi o que aconteceu. Foram dois anos de um relacionamento totalmente inconstante. Com mais de um ano de namoro, descobri que ele era dependente químico, e fiz tudo o que achei que poderia para ajudá-lo. Mas toda vez que eu tentava respeitar meu sentimento de não querer mais, rolava uma manipulação do tipo "você é minha cura" ou "se eu sumir, não esquece que eu te amo", e isso me prendeu ali, por mais tempo ainda. Só minha mãe sabia de toda a angústia e do medo que eu sentia. E se não fosse o apoio dela, eu teria surtado, de verdade. Mas consegui perceber que eu precisava de ajuda mais uma vez, porque, se ele conseguia me manipular, é porque eu estava completamente vulnerável, e voltei a fazer o que eu chamo de terapia em grupo com meu principal professor nesta jornada, o Marcello Cotrim, professor, terapeuta e espiritualista.

Em uma das aulas, perguntei quando isso ia acabar, e o Marcello disse, de forma certeira: "Quando você parar de achar que ele é responsabilidade sua, e voltar para sua vida". Dito e feito. Quando me enchi de coragem e decidi pôr um ponto-final, nos afastamos de vez e, pasme, duas semanas depois, ele foi morar com outra pessoa. Sim, além de manipulação, mentiras e medo constante, eu também ganhei um par de chifres. Mas não o culpo, nem me culpo. Ele estava doente. E eu também. Eu não me amei, por isso fiquei ali.

E foi pra desintoxicar desse tipo de relação que a solteirice veio forte: sete anos, mulher! Você pode até pensar que é tempo demais. Mas não tem certo e errado. Foi o tempo necessário para eu ficar livre de tanta crença ruim sobre mim; tempo de aprender a me amar e me valorizar mais. Foi do que precisei para me estudar mais e me mudar de vez.

E foi o que rolou a seguir: mais mudanças. Eu mergulhei no trabalho – a essa altura, eu já era editora de revista feminina, já sentia muito prazer em ajudar outras mulheres e, com 28 anos, me senti pronta para mergulhar também no meu espelho, e encarar os medos e tabus sobre meu corpo, escondidos no sobrepeso que tinha voltado nos últimos anos.

Foram onze meses de novos hábitos, exercício, alimentação, rotina como um todo e até mudança de amigos, e quase 30 kg a menos. Eu achava que, quando emagrecesse de novo, tudo estaria perfeito. Mas, mesmo magra e até *fitness* dessa vez, percebi que ainda tinha coisa fora do lugar: o corpo mudou, a relação com meu pai também, a vida amorosa virou solteirice, mas o trabalho, que também era bem tóxico, ainda era presente.

Trabalhava, em média, doze horas por dia, ganhando só por seis horas, e zero de hora extra e benefícios. Mas, a essa altura, eu já tinha muita certeza do meu valor, e não dava mais para aceitar NADA menor do que eu. Lembro de duas situações que marcaram minha decisão de sair da empresa e também mudar de carreira. A primeira, quando eu estava saindo com a mala da academia para a aula de *spinning*, e o chefe falou, em tom de piada, na frente de toda a minha equipe: "Quando você vai voltar a ser gorda? Não aguento mais você saindo 'cedo' pra fazer aulinha de *bike*". Eram nove da noite quando ouvi isso. E a segunda, durante uma reportagem na cidade, quando ele disse em tom de elogio ao entrevistado: "Eu durmo tranquilo porque a Vivian trabalha para mim. Ela poderia estar em qualquer multinacional, editando e escrevendo para grandes revistas. Mas ela é acomodada. E prefere ficar aqui e trabalhar perto de casa". Que ódio eu senti. *Que cara abusado e folgado*, pensei. Mas sabe o que é pior? Mesmo com tantas mudanças que eu já tinha praticado e até me sentindo empoderada, ele ainda tinha razão. E de acomodada passei a ficar incomodada, e mexi meus pauzinhos.

Meses depois eu saí, e passei por mais um processo de autoconhecimento: o *coaching*, que, quando é feito por um profissional bom, funciona que é uma beleza, mulher. Lembro que a minha *coach* disse que a minha vontade de evoluir era enorme, e por isso os resultados viriam muito rápido. Em três sessões eu já tinha mais direcionamento para a minha carreira, e lancei o meu Vivipraisso, que era para ser um blog contando minha viagem por dentro do amor-próprio, do emagrecimento e da mudança de carreira. Mas não deu para ser só isso.

Quando já tinha um número legal de pessoas me acompanhando nas redes sociais, recebi um e-mail e o assunto era "socorro". Era uma mãe, pedindo que eu ajudasse a filha dela, de 14 anos, a se amar mais, a querer cuidar do corpo, porque ela estava obesa, depressiva, e a mãe já não sabia mais o que tentar. Eu li, me emocionei, e percebi que não sabia como fazer por aquela menina o que eu passei mais de vinte anos fazendo por mim.

Decidi estudar para fazer tudo isso em forma de trabalho, e não só para inspirar, mas também para *ajudar*. Em seguida, fiz minha primeira formação em *coaching* de vida e carreira, programação neurolinguística e hipnoterapia, estudei mais sobre os chacras, a mediunidade e as energias, me apaixonei profundamente pela física quântica e pela psicologia positiva, e fiz do meu blog uma escola. Hoje, com mais de 5 mil alunas, o Vivipraisso tem cursos, palestras, vídeos, *podcasts* e agora este livro(!) baseado no meu método: o método que eu vivi para poder te ensinar a se amar mais.

Eu reconheço suas dores, porque já senti muitas delas. E eu passei por muita coisa para poder me amar e te ajudar a se amar mais. Então, seja bem-vinda. E bora lá começar a falar mais de você do que de mim, porque eu *vivi pra isso*.

Amor-próprio na prática existe?

Se você leu o título acima e disse a si mesma "falar é fácil, difícil é fazer", já caiu no conto do imediatismo: quando até tenta pedir ajuda, mas quer resolver todos os seus problemas de uma vez só. E não... esse tipo de sentimento de impaciência não tem nada a ver com amor-próprio.

Eu já nem sei quantas vezes vi na internet, em vídeos ou até em cursos pessoas que prometem milagres. E isso me deixa muuuuito triste – e pê da vida também, porque esse sentimento tão lindo e fundamental virou um produto. As pessoas não se importam em como isso vai ser feito. Elas só querem cliques, *likes* e que se dane quem precisa de ajuda.

Quando penso em todas as vezes que precisei de ajuda para quebrar um comportamento padrão, como descontar emoções na comida, ficar num emprego de merda ou acreditar que aquele ex que só me fez mal ia mudar, eu me lembro de quantos cursos, livros e anotações eu precisei até dar um novo significado para cada pedra no meu sapato. E isso me faz lembrar de uma aluna em especial. O nome fictício dela é Paola. Uma mulher de 40 e poucos anos, linda, saudável, mãe, cheia de vida, e que chegou até mim completamente machucada por causa dessa tal falta de amor.

Ela me conheceu pelo Instagram, e, numa das minhas *lives*, decidiu entrar no meu curso "De bem com o espelho". Estava separada fazia alguns meses e, depois de uma traição, se sentia o cocô do cavalo do bandido. O curso em questão tem dois meses de aulas semanais e um total de dezesseis horas de conteúdo só sobre sua vida. Ela emendou no curso "Desafio 15 dias para se amar", e depois na mentoria individual. Oito meses acompanhando de perto a evolução dela e olhando para os passos da Paola, eu posso te dizer que, sim, amor-próprio na prática existe. Foram meses trabalhando a cura e a independência emocional, para ela deixar de se comparar com a atual do ex-marido. Nessa descoberta, ela se deparou com velhos sonhos e decidiu voltar a trabalhar, porém numa área completamente diferente. E sabe por que isso é amor-próprio? Quando você se anula, seja por causa de uma relação amorosa, seja por um trabalho que te suga ou até pela maternidade, abandona sonhos facinho, ao mesmo tempo que se critica e vive na base da autossabotagem.

Fundamentada nos estudos da inteligência emocional, a Paola descobriu seu maior sabotador. Ela sofria de comportamento prestativo, aquele em que a pessoa se anula para ser boazinha para o outro, dizendo "sim" para tudo, por medo de desagradar e de não ser amada. Foi isso que a colocou naquele lugar. Hoje, com as aulas, exercícios diários e muita reprogramação mental, ela sabe que está tudo bem em falar "não", que se amar não é um problema e que a autossabotagem acontece quando você corta as próprias asas, desacreditando de si mesma.

Que lindo é ver uma pessoa voar assim, na minha frente. Muitas Paolas me leem agora. Traídas, feridas, descrentes do amor do outro porque, no fundo, não se sentem merecedoras do amor como um todo. Mas cada uma também pode aprender a voar, por isso, antes de trazer frases de efeito, quero te dizer que vamos aprender muito juntas. Porém, meu método de reencontro do autoamor só funciona com alguns pré-requisitos:

1. Você precisa estar presente
Antes de ler e querer sentir o amor invadir sua vida, se dê a chance de praticar o que for dito aqui. Escolha um caderno bem lindo e anote nele tudo o que vier à mente enquanto estivermos juntas. Deixe o celular pra lá por um tempinho. Dedique-se a ouvir seus pensamentos e sentimentos, e deixe tudo fluir.

2. Decida jogar no seu time a partir de agora
Sabe quando a gente luta por um ideal, um projeto e até por um romance? Aqui eu sugiro que você seja sua maior aliada e lute por si mesma. Não se deixe desistir quando o assunto for mais denso. Não se esquive quando for preciso meter a mão na massa. Lembra do exemplo anterior, quando eu disse que a Paola aprendeu a se amar quando parou de cortar as próprias asas? Então!

3. Seja sincera
Não estamos juntas para julgar a outra. Então, durante nossa viagem, abaixe o som da voz da autocrítica e deixe sua verdade vir à tona. Você vai se surpreender com o tanto de coisas lindas e escondidas que existem aí dentro de ti.

4. E por último: acredite!
Eu posso passar mil páginas dando exemplos para comprovar que a parada funciona. Mas se você acreditar que é furada, que gastou dinheiro à toa e que valeria mais a pena comprar um livro de conquista barata... não vai rolar. Repete comigo: o que eu acredito acontece. Acredite na dupla que vamos formar a partir de agora, fechado?

Dica da Vivi

Nossos 15 passos são lindos. Mas são intensos. Então, antes de começar, faça uma pausa, tome uma água. Aperte seu *pet* para se encher de afeto. E, quando estiver pronta, respire fundo e siga em frente. Vamos começar essa limpeza emocional!

1.

transforma*dor*

Cabe amor aí?

Falar de amor é sempre fácil. Quem escreve, assim como eu, sabe que é só respirar fundo, deixar a emoção vir, que o tal amor aparece em meio às palavras. Lembro de uma vez, quando escrevia o livro da Vivi adolescente, que cheguei em casa depois da aula me sentindo péssima, depois de mais um dia de piadas sobre gostar de quem não gosta de mim, ou sobre meu peso, e não consegui sentir amor pela minha vida. Deitei no tapete do meu quarto, minha *poodlezinha*, a Julie, chegou e ficou ali, me acarinhando, e o coração se acalmou. Liguei o computador, comecei a escrever e, só de desabafar, o amor voltou a surgir. Lembro de terminar o texto assim: "Que bom que eu consegui transformar raiva e dor em palavras. Que bom que eu transformei palavras e pensamentos em amor". E ali, com 14 anos, eu entendi que toda dor tinha cura.

Hoje, depois de compartilhar com milhares de pessoas as dores que eu já vivi, e de ouvir a dor delas também, pude ver muitas se curarem diante dos meus olhos. E o caminho é um só: entender o processo da compreensão e do aprendizado e passar por ele, para iniciar a limpeza que chamamos de cura. É isto o que faremos neste capítulo: vamos limpar a casa e abrir espaço no seu peito para receber mais amor.

**Assumir sua história pode ser difícil,
mas é um lindo passo para perceber
que não foram apenas dores e mágoas.
Você cresceu, aprendeu, fez e viveu coisas lindas.
E tudo isso trouxe você até aqui.**

Ressignificar

A primeira vez que ouvi a palavra *ressignificar* foi em um curso de Programação Neurolinguística, PNL, que, segundo o dicionário, é a ciência que estuda a relação entre a mente e a capacidade linguística. Ela ajuda na compreensão, na capacidade de mudanças e de aprendizados, melhorando a comunicação como um todo, seja ela visual, seja auditiva ou sinestésica. Ou seja: é fantástico entender sobre isso, porque te ajuda a mudar. E quando você percebe que estar viva te permite flexibilizar ideias, atitudes e até sentimentos, surge um alívio, e você não sofre tanto com o que te fez mal.

Foi lá, na minha formação em PNL, que entendi que ressignificar era mais do que uma palavra poética. Aqui, no nosso guia de autoamor, vamos usar esse termo como algo transformador.

> "É um olhar de dentro para fora. É encontrar novidade no que a gente vê todo dia. É saber que as coisas mudam tanto quanto pessoas. É recriar o que um dia foi criado. É a própria regra. É saber lidar com o novo. É perceber que tem um pouco da gente em tudo o que a gente faz. É um exercício de autoconhecimento."

Akapoeta

Para isso, precisamos acessar alguns momentos não tão bons da sua vida, contando, como se fosse numa entrevista de emprego, as dores que marcaram seu caminhar, para entendermos se elas ainda te machucam, ou se já ganharam um novo significado.

Então, bora praticar!

Tarefa 1

Que tal criar um diário? Pode ser um espaço no bloco de notas no celular. Ou um grupo no WhatsApp só seu para poder gravar desabafos em forma de áudio. Precisamos pôr todo esse bololô que está aí em forma de pensamentos e sentimentos para fora e, aí sim, desenrolar e organizar.

Para isso, eu quero que você me conte sua história. Pode ser em forma de redação, áudio, tópicos, desenhos. Não importa.

O que vale é expressar e botar para fora o que anda guardado aí dentro. E antes que você diga que é difícil, eu te ajudo.

Responda para mim:

Quem sou eu?
Aqui, a ideia é contar sua história como um todo. Perceber dores, sim, mas delícias também. Quero que você saia deste exercício um pouco mais ciente de quem é, e já comece a perceber que VOCÊ NÃO É SÓ DOR.

Quem eu estou sendo?
Esta pergunta vem para dar aquele "chutinho na bunda" que a gente precisa quando sente pena de si, medo de continuar sofrendo, e por isso fica estagnado no mesmo lugar por um tempo – às vezes até anos. Quero que você perceba que muitos dos comportamentos que você tem tido não são sua essência (o tal "eu" da pergunta anterior) e, ao tomar consciência disso, retome a POSSE do seu caminhar.

Tarefa 2

Será que você se acostumou a sofrer?
Você deve ter respondido: "Tá maluca, Vivi? Claro que eu não gosto de sofrer!". E isso me faz lembrar de quando eu vivia dentro do meu segundo relacionamento, bem tóxico, com zero autoestima. Eu não me amava, não me sentia bonita, nem sabia mais o que me atraía nele. Poderia dizer que o sexo era bom. Mas, naquela situação, cheia de medo de ficar sozinha, de ser traída e rejeitada mais uma vez, qualquer pessoa que conseguisse arrancar um minissorriso meu

– o que dirá um orgasmo! – teria o meu amor, ou o que eu achava que seria amor.

E aí, em vez de procurar ajuda para limpar esse monte de medos que me paralisavam dentro de uma relação doente, eu continuava ali, me machucando diariamente com mentiras e chantagens emocionais. Claro que eu não tinha plena consciência, mas estava alimentando, justamente, a dor que me fazia sofrer.

Como eu me libertei disso? Simples, ou melhor, não foi simples, mas foi um processo gostoso chamado autoconhecimento. E que você pode praticar, seja lendo este livro, seja fazendo cursos, terapias *y otras cositas más* que funcionam como uma luz. Sabe quando acaba a energia e você fica sem saber para onde ir? Ou melhor, quando você está num caminho novo, o sinal do celular acaba e você fica sem GPS? É isto: enxergar as dores que ainda te machucam, ou que ocupam espaço no seu coração, como quando, depois de errar um caminho, você se dispõe a recalcular a rota quantas vezes for preciso, até chegar ao local de destino.

Por isso, aqui, neste primeiro passo, eu quero te ajudar a acender a luz. Livrar seu peito desse monte de sombras e, aí sim, construir merecimento, autoestima e, finalmente, amor-próprio.

Vamos olhar para cada uma das pedras que você lembrou ao me contar sua história na tarefa anterior e perceber se as dores são ativas. Por isso, preparei um *quiz* (tipo aqueles da revista *Capricho*, lembra?) para trazer mais consciência para o que você tem na sua mente e no seu coração.

Será que ainda dói?

Você responsabiliza essa situação pela vida que tem hoje?
Sim – 1 ponto
Não – 0 ponto

Você pensa nisso todos os dias?
   Sim – 1 ponto
   Não – 0 ponto

Sua vida parou ou diminuiu de ritmo depois que essa dor aconteceu?
   Sim – 1 ponto
   Não – 0 ponto

Você ainda vive na situação que traz dor?
   Sim – 2 pontos
   Não – 0 ponto

Tem vontade, mas não consegue virar a página?
   Sim – 1 ponto
   Não – 0 ponto

Consegue falar sobre isso ou ignora?
   Ignoro – 1 ponto
   Consigo – 0 ponto

Ok! Vamos lá: Se sua soma passou de 3 pontos é porque, sim, essa dor ainda te machuca. Se você gabaritou o teste e somou 7 pontos, mulher de Deus, vamos tirar esses esqueletos do armário, entender a lição que cada dor ainda tem para te ensinar e seguir para o passo do perdão.

> **"Para alterar a realidade, e criar um NOVO HUMANO dentro de você, é preciso passar pelo desconforto da mudança."**
>
> *Elainne Ourives*

Quando eu mencionei, antes do *quiz*, que talvez você tivesse se acostumado a sofrer, não é porque você seja tola e goste de se maltratar de forma consciente. Mas sim porque somos condicionados a isso. E, no geral, ainda acreditamos que mudar pode ser ruim. E isso é se acomodar, mesmo que em algum lugar que não te caiba, nem sirva. Um exemplo simples do que tem acontecido contigo: você já deve ter usado um sapato lindo, mas que arrebentou seu pé, né? Pois bem: perceber seu pé ali, apertado, cheio de bolhas e dores, e ainda continuar com aquele maldito sapato, só porque ele é bonito para o mundo, é o que temos feito com essas dores arquivadas na mente. Viver na dor, ou com o sapato apertado, pode te fazer mal.

Claro que eu jamais seria sacana e diria que, ao se amar mais do que você se ama hoje, sua vida seria perfeita. Eu nem acredito no conceito de perfeição. Na real, sim, temos altos e baixos. Dias de dor, outros de amor... Mas sabe o que você precisa saber aqui? Que, segundo a mesma neuroplasticidade que citei antes, o nosso cérebro pode aprender de duas formas: pela dor ou pelo prazer. Ambas as sensações nos trazem resultados, e eles geram o tal acreditar. Então, se você pontuou em todas as perguntinhas anteriores, é porque ainda está vibrando dor. E isso faz você viver dores quase que diariamente, e se sentir muito mais negativa e desacreditada, porque sua mente está focada no que machuca, no que falta, no que o outro tem e você ainda não... Não é?

Vamos mudar isso? Na teoria, você pode simplesmente perceber que a negatividade e o pessimismo se resolvem com palavras positivas e bonitinhas. Mas eu sei que você já tentou se olhar no espelho e dizer: "Eu me amo, eu sou linda, eu mereço ser feliz". Só que, sem a tal mudança de atitude, essas são só palavras.

Aprendi, em um dos muitos cursos que fiz, que otimismo é péssimo, porque são apenas palavras poéticas jogadas ao vento. Sem ação, nada muda. Na real, o que cura mesmo é você ser mais *positiva*, com palavras fofas, sim, mas levantando o bumbum do sofá também.

Eu me lembro de ter atendido alguém que chamarei de Cláudia, uma mulher de 42 anos, casada, bem-sucedida, que me procurou para ajudá-la a amar mais o corpo, cuidar melhor dele e, como consequência, sair do sobrepeso. Eram questões como não suportar mais usar roupas e não se sentir bem, detestar fazer exercícios, sentir que comer saudável era sempre ruim e difícil, e precisar de um tempo para cuidar de si, já que ela tem dois filhos, marido e um emprego que ocupava cerca de dez horas diárias da rotina dela (se eu cansei só de escrever isso tudo aqui, imagina ela como estava!). Agora, me diz: com tanto empecilho, como alguém pode emagrecer ou mudar o estilo de vida? Não dá, né? E aí está a prova de que o otimismo não garante evolução nenhuma. Já a ação positiva, sim.

Cuidei da Cláudia de pertinho por quinze meses. Entre cursos e mentorias individuais, pudemos olhar para a vida dela como um todo. E, além de focar mais no positivo, organizamos a rotina dela. Hoje, depois de abrir sua empresa dos sonhos, com uma funcionária em casa para ajudá-la e com mais tempo para si, ela está na busca de se amar, por isso faz exercícios e come bem todos os dias, sentindo-se mais feliz com o marido e curtindo mais seus meninos. Precisei ajudá-la a ver como ela já tinha coisas maravilhosas – casa, família, saúde, grana, estrutura, sonhos – e parar de olhar só para o que ainda não tinha, focando na falta e na insatisfação.

> **"Quando se concentra no que lhe falta, você perde o que tem."**
> *Greg McKeown*

Sendo assim, quero te sugerir um exercício para tomar consciência das bênçãos que te agraciam. Pense, todos os dias, pelo menos em três motivos diferentes e reais – nada do movimento "gratiluz" – que fazem você sentir gratidão por estar viva.

E sobre as dores que ainda te machucam e que vieram à mente neste capítulo... mulher de Deus, daremos a elas compreensão, aprendizado e perdão no próximo passo.

2.

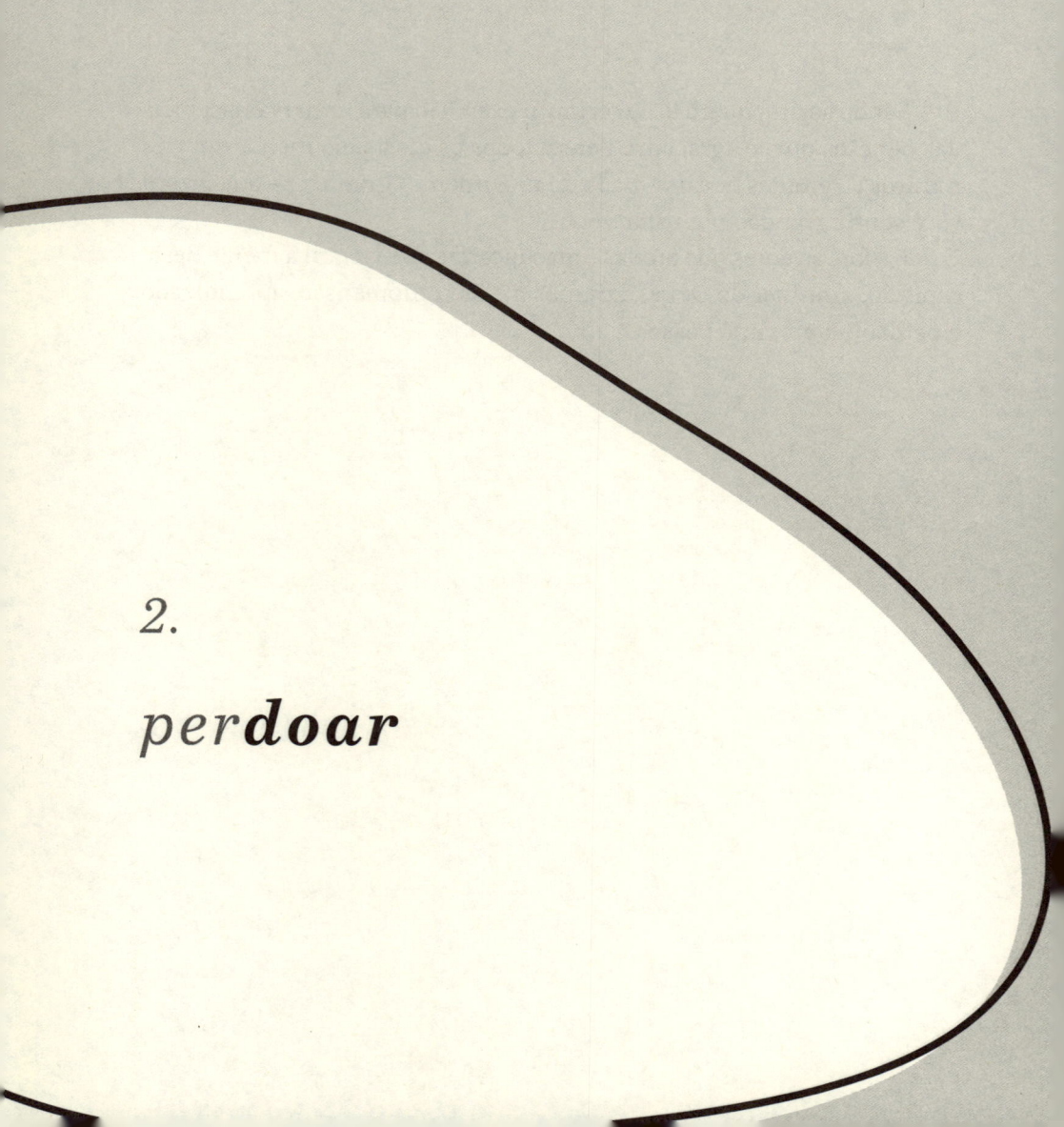

*per**doar***

Libera geral

Eu sei: falar que quer perdoar, todo mundo fala. Mas quem é que sabe o caminho das pedras pra isso acontecer de verdade? Quando se pensa em perdão, logo vem à mente aquela coisa divina, de extrema generosidade, empatia e bondade com aquela pessoa que lascou com a sua vida. Aí você pensa: *Sou capaz disso, não!* Ou, muitas vezes, consegue dizer "eu te perdoo", mas não consegue limpar o peito de verdade e abrir espaço para o novo.

Isso acontece por dois motivos: primeiro, porque não nos ensinaram que o perdão tem muito mais a ver com a sua vida do que com a do outro; e, segundo, porque ainda se pensa que, para perdoar, é preciso esquecer o que aconteceu, deletar, de fato, da mente e do coração o que fizeram contigo.

Um coração cheio de mágoas, dores, medos e inseguranças é um coração indisponível para o amor.

Mas na prática não é bem assim. O perdão é um passo enorme para se amar mais, porque, além de culpar o outro muitas e muitas vezes, você se culpa também. E aí, sua vida caminha quase como se estivesse numa esteira: você anda, até sua, mas não sai do lugar.

O perdão te liberta do apego, e te ajuda a trazer o tal do ressignificado que vimos no passo anterior. E, não menos importante, o autoperdão também.

Você deve estar pensando: *Mas, Vivi, se é tão bom perdoar, como eu faço isso, tipo AGORA?*

> ### *Dica da Vivi*
>
> Talvez você já tenha visto o filme ou lido o livro *A cabana*, certo? Se não, eu recomendo. Vou usá-lo como exemplo, então *spoilers* vão rolar. Mas, além disso, é uma história que traz uma baita aula sobre perdão!

Assistindo ao filme *A cabana*, lembro de ter me emocionado muito em todas as cenas tristes. Mas teve uma cena que não me emocionou, e sim me esclareceu muita coisa. Foi quando o personagem principal se encontra com a figura que representa Deus, na fase em que eles chamam de julgamento, e Ele diz, tranquilamente: "Deus não precisa castigar as pessoas pelos pecados. O pecado já é o próprio castigo, devora as pessoas por dentro. O objetivo de Deus não é castigar, Sua alegria é curar". Ali, entendi quão bobo é desejar mal a quem me fez mal, porque a própria pessoa já deve estar se corroendo por dentro. Percebi então que o perdão e também o autoperdão precisam de alguns ingredientes simples, mas fundamentais: a decisão, a compreensão e, finalmente, o aprendizado.

A decisão

Tive a chance de estar em um treinamento do Tony Robbins. Paguei uma nota pra ir, mas eu sabia que valeria muito a pena. O cara é um gigante da mente humana, e estar lá agregaria demais a mim e ao meu trabalho. E lá fui eu, com o ingresso mais simples do evento, parcelado em 12 vezes no cartão.

Chegando ao local, milhares de pessoas já o aguardavam. E, mesmo doida para ver o cara, parei de frente para um painel, com a frase abaixo, que me encantou e derrubou um caminhão de fichas na minha cabeça logo de cara. Decidir o que você realmente quer é o primeiro passo para mudar seu destino.

> **"Não são suas condições, mas sim suas decisões que determinam o seu destino."**
> *Tony Robbins*

Quando fiquei sabendo do curso, eu estava totalmente sem grana. Nem passou pela minha cabeça participar. Mas, sabendo como aquilo seria bom para mim, pensei: *Eu vou. Depois resolvo como ganhar esse dinheiro.* Decidi. Fui. E confesso que nem lembro como consegui a grana extra, porque ela surgiu naturalmente, e eu paguei as tais parcelas sem sentir.

Se isso funciona para o dinheiro, que tal usar o poder da decisão para reconstruir outros caminhos da sua vida? E é isso que eu quero te propor: escolher de quais das dores relembradas no passo anterior você realmente quer se libertar. Mas, assim, do fundo do coração, e não só da boca para fora.

Quando falo sobre decidir do fundo do coração, falo sobre o apego que temos a dores e rancores. É como se você, até de forma inconsciente, mantivesse essas questões aí dentro para justificar o comodismo, o medo, a insegurança. Falaremos mais pra frente sobre esse comportamento de autossabotagem que detona o amor-próprio, chamado de vitimismo.

Por isso, para abrir mão de tantas dores, é hora de soltar vínculos mantidos pela mágoa e pelo rancor, que, mesmo de maneira negativa, ainda mantêm sua vida ligada a esta ou aquela pessoa. Permita-se se sentir merecedora do novo, do evoluir, do conhecer mais e mais sensações. Assim, você começa a tirar o mau, o velho, o errado, e surge espaço para o bom, o novo e o certo. Fechado?

Tarefa 1

Faça uma lista dessas dores – das que você sente em relação ao outro, e a si mesma, como culpas por não ter feito ou falado algo. No primeiro passo, que vimos no capítulo anterior, ao escrever sua história, você acessou muitas dores e delícias, como mencionamos. Aqui, quero te ajudar a decidir de quais dessas dores identificadas você realmente tem disposição e decisão em começar a se desprender e deixar para trás.

Ao lado de cada dor mencionada nesta lista, sugiro que coloque um OK para o que está na hora de deixar ir, e um NÃO para aquilo que você não consegue esquecer e desapegar neste momento. E aí, ao terminar de ler este livro, e viver os 15 passos do amor-próprio, você volta aqui e relê a lista. O NÃO de agora pode virar o OK de amanhã.

A compreensão

Claro que não é só dizer: OK! Estou pronta para deixar de vez essa dor que me consome. Como eu digo para as minhas alunas: se fosse moleza, se chamaria pudim, e não perdão. No título deste capítulo, escrevemos o real significado do perdão: a doação. Doar amor, empatia e afeto é o que faz você chegar aqui e conseguir compreender. Mas, calma, antes de achar impossível, pense que, no autoperdão, você vai poder doar amor, empatia e afeto a si mesma, e aí vai ficar muito mais fácil fazer isso pelo outro.

Eu faço minha parte, e aí, sim, confio, entrego e agradeço.

A compreensão vem do olhar para trás com os olhos de hoje. Quando tinha por volta de 18 anos, fiz algumas sessões de terapia de regressão em memória. Queria descobrir o porquê da relação distante com meu pai. Sei lá, de repente tinha rolado uma treta no parto, na hora de eu ser concebida, algo marcado no meu inconsciente... Então, lá fui eu. A gente fazia um relaxamento seguindo os comandos da terapeuta. Até aí, ok. O problema era desligar a mente da geminiana aqui, sempre a mil por hora. Por isso, foi preciso fazer umas três sessões para eu conseguir relaxar e me entregar de verdade.

Quando viajei na mente, me vi numa cena muito simples, mas marcante: quando eu tinha 5 anos, minha avó materna, em quem eu era grudada, sofreu um AVC e faleceu aos 61 anos. Minha mãe tomou um baita baque, e todos nós ficamos solidários. Lembro que meus pais já viviam em pé de guerra como casal, e até umas separações curtas tinham rolado. Na semana em que minha avó se foi, eu estava lá na casa do meu avô, criança, brincando no quintal com a minha prima, e meu pai chegou do trabalho e chamou minha mãe. Eu estranhei o jeito mais afetuoso deles, porque, no geral, não era assim. No relaxamento, voltei a essa memória, mas com os olhos de 18 anos, e não mais de 5. Acordei e pude compreender o que houve, sem achar que pudesse ser uma demonstração falsa de afeto, como, talvez, aos 5 anos, eu achasse.

Moral da história: mulher de Deus, olhe para as situações confusas, frias, ruins e terríveis da sua vida com os olhos de hoje e me responda sinceramente: aquela sua versão saberia agir, falar ou viver de outra forma naquele momento?

Eu não saberia compreender um casal aos 5 anos. Por isso, achei estranho ver meus pais de bandeira branca e gravei como se o amor fosse uma mentira. Aos 18, entendi e parei de guardar aquilo como algo ruim. Viu que bela cura aconteceu aqui?

Por isso, que tal diminuir a voz da autocrítica e se permitir compreender mais as lições que já foram vividas em vez de julgar, criticar e rotular o outro e a si mesma? A compreensão ajuda a construir o perdão, porque com ela você entende o que aconteceu. E mais, consegue olhar para o que aconteceu com o outro. Afinal, se eu não saberia agir de outro jeito, se aquele era o máximo que eu sabia fazer, com o outro é a mesma coisa.

De novo, vamos ao filme *A cabana*. Em determinado momento, o personagem principal questiona como ele seria capaz de perdoar o homem que tirou a vida da sua filha. Ele deseja o mal àquele homem, mas Deus diz que ele merece se redimir e que não ficaria impune, já que todas as nossas escolhas causam consequências. O pai, indignado, não se conforma, e diz que não tem como confiar em Deus ouvindo aquilo. E aí vem a frase mais libertadora de todas: "O perdão não estabelece um relacionamento. Só faz você largar o pescoço dele". Ele compreende que o perdão só o ajudaria a se libertar de tanta dor, de tanto julgamento e, assim, evoluir, e não tiraria o pecado cometido pelo assassino de sua filha. Mesmo depois de dizer que perdoava o homem, ele menciona ainda sentir raiva. E aí Deus diz algo como: "Talvez você precise repetir até entender e aprender. Mas, uma hora, a raiva também passa".

O aprendizado

Aprender não é simples, eu sei. Mas, como já sabemos, podemos aprender pela dor ou pelo prazer. Então, não temos por que continuar nos segurando no que machuca, quando podemos:

- Decidir quais dores já não queremos mais sentir.
- Compreender que nós e o outro não sabíamos como fazer diferente naquela época ou situação.

E agora? O que falta para perdoar? Falta aprender o que tudo isso veio para te ensinar.

Eu chorei muito quando ganhei, do cara que eu amava, uma calça dez vezes menor do que o meu tamanho. Doeu. Fiquei com raiva. Mas decidi que não podia mais viver pensando naquilo, porque a raiva que eu tinha dele viraria raiva do meu corpo e, no fim, eu mesma é quem me maltratava. Decidi que não me doeria mais, afinal, ele tinha a opção de não ser mais meu namorado. Compreendi que, sim, eu tinha engordado, mas continuava uma mulher linda e desejável, e aprendi que nenhum homem pode dizer o que meu corpo é ou deixa de ser, porque é *meu* corpo, *minha* morada. E aprendi, quando vi na imaturidade dele o que ele poderia me oferecer. Não me mantive ao lado dele. Porque perdoar não é esquecer ou aceitar. É parar de sofrer pelo que não tem mais solução.

Em uma das turmas do meu curso "Desafio 15 dias para se amar", recebi um áudio de uma das alunas pelo Instagram. E a mensagem era chorosa, extremamente emocionada, me agradecendo pelo segundo dia do curso, que a ajudou a decidir, compreender e aprender que aquela culpa não tinha mais função na sua vida. Vamos chamá-la de Elaine, uma mulher forte, mãe de três filhas, avó, que viveu altos e baixos no amor. Carregava dentro de si uma culpa imensa de ter vivido uma relação com um homem comprometido, mas ali, na hora de se perdoar, entendeu que sua autoestima estava tão baixa que qualquer pessoa que surgisse naquele momento poderia se tornar alvo da sua carência. E, ao procurar ajuda para se conhecer e se amar mais, ela percebeu que aquela mulher do passado não existia mais. Ela aprendeu e evoluiu. E quando você compreende e aprende, quase de forma imediata o coração fica mais leve.

> "Quando você se ama, se perdoa
> e entende que suas ações foram baseadas
> no melhor que você sabia fazer."
>
> *Elainne Ourives*

Tarefa 2

Agora vamos falar de você, me diz: sobre as dores que você listou e marcou com OK para perdoar, o que elas têm pra te ensinar? O que mudou dentro de você depois que viveu aquilo? Qual força você desenvolveu depois que passou por tal perrengue? Quem é você depois disso tudo?

Ah! Uma dica: responda a essas perguntinhas no papel antes de se dispor a fazer o próximo exercício. Assim, traremos para a consciência tudo o que estamos aprendendo aqui, e seu coração estará mais disponível para se perdoar e perdoar o outro.

Respira fundo, porque foi um passo bem extenso. Mas eu prometo que, mesmo se você não conseguir perdoar tudo agora, com essa consciência, em algum momento, vai rolar.

2. perdoar

Dica da Vivi

Vamos mexer com essa mente aí? Sem ser só ler ou escrever? Quero te propor um exercício de reprogramação mental, com técnicas simples de visualização criativa, baseadas na PNL, que eu aplico em todos os meus cursos.

Pegue esse QR Code aqui, escolha um lugarzinho tranquilo, só seu, encontre um cantinho para se deitar e abra seu peito. É hora de per*doar*!

Aponte a câmera do seu celular ou utilize a URL https://youtu.be/hoWOHU2effg para acessar.

3.

*auto***estima**

Como age uma pessoa que se ama?

O próprio nome já diz: estima por si. Mas, se é tão óbvio assim, por que muitas pessoas ainda sofrem de baixa autoestima e sabotam a própria vida? Pelo menos a resposta é simples: a gente se acostuma com a dor, com a reclamação e com pouco. É como se você não acreditasse em si mesma, por isso nada do que queira ou sonhe se torna alcançável. É sempre mais difícil, pesado, complexo. E aí, a consequência é simples: você tem medo de não conseguir o emprego ideal, então aceita uma vaga bem média. Você não se acha boa o suficiente para conquistar um relacionamento saudável e feliz, então acaba numa relação de migalhas. Você tem medo de ser esquecida pelo mundo, por isso mantém amizades sem a menor reciprocidade.

A falta de estima por si pode, sim, te levar para um buraco. Prova disso são as doenças psicossomáticas, que acontecem primeiro no emocional, depois no físico. Crises de ansiedade, dores de cabeça, dores articulares e até problemas digestivos podem estar associados às emoções ruins. Lembra que te contei das crises de enxaqueca que "herdei" no meu tempo de bancária? O médico me disse: "Cuidado com o estresse, ele adoece muito mais do que se imagina".

Por isso, não se trata de mais um livro de frases de efeito. Eu já senti algumas dessas dores de perto e sei o mal que a falta de estima pode causar na sua vida. Por que não tentar outro caminho? Lembra do exemplo sobre o qual comentei antes, recalcular a rota, até achar um caminho bom, como acontece com um GPS? Isso é autoestima: não se deixar de lado em hipótese alguma. Jogar no próprio time. Fazer até dar certo. Entender que você merece se ver de forma maravilhosa. Ops! Acabei usando frases de efeito. Mas agora quero te ajudar a fazer delas um mantra na sua vida.

Quando eu me conheço, tenho a chance de me apaixonar por quem eu sou.

Você já é maravilhosa!

Em uma das vezes que estava preparando uma aula sobre autoestima, assisti a um vídeo bem motivacional no YouTube, que me chamou a atenção porque, além das tais frases de efeito, trazia perguntas, questionamentos, o que sempre nos faz perceber que há respostas aqui dentro. Depois, quando terminei a aula, percebi que eu mesma não tinha algumas das respostas que o vídeo pedia. Parei, peguei um caderno e escrevi as que mais me chamaram a atenção. E a primeira delas era: "O que te faz achar que você é algo menos do que maravilhosa?". É claro que, na hora, pensei: *Eu sou maravilhosa.* Mas e na prática? Será que a gente se vê assim mesmo?

Para se ver como maravilhosa, eu tenho uma receita: trabalhar mais e mais, e sempre, a autoconfiança, que eu chamo de um dos pilares da autoestima dentro do meu método. Não dá para agir como alguém que se estima duvidando de si mesma e se questionando o tempo todo, concorda? E não adianta me dizer que confia no seu taco no que diz respeito à sua carreira, ao seu casamento ou aos seus filhos. Quem se ama confia em si em todas as partes da vida, e não numa só.

Sendo assim, eu te pergunto, tirando os treinamentos que nos levam a falar o que o RH quer ouvir numa entrevista de emprego, o que você sabe sobre si a ponto de dizer: "Caraca, eu sou mesmo maravilhosa"?.

Você passa uma vida toda com medo de assumir o que tem de bom, porque a sociedade te ensina que reconhecer seus valores é arrogância, quando na verdade é só uma realidade, um afeto, uma constatação. Aí, quando você entra num processo de autoconhecimento que te questiona e te faz ver forças, qualidades, virtudes e talentos antes nunca notados, consegue, sim, aumentar a autoconfiança.

Estou aqui escrevendo e me veio à mente a história do Juliano, um aluno meu que virou amigo, porque também éramos parceiros de trabalho, já que ele gravava e editava meus vídeos e eu fazia as sessões com ele. Baita troca boa, essa. Juliano é um cara de 32 anos, multitalentos, mas que me procurou por não se ver como o cara incrível que ele é – olha que legal, homens também podem aprender sobre amor-próprio! Falamos nas mentorias sobre carreira, família, relacionamentos e, enfim, autoestima. Chegamos na parte em que era vez de ele encarar talentos escondidos por crenças que o limitaram por uma vida toda. O exercício que sugeri a ele era simples: o que você tem de bom e de não tão bom assim. Para minha surpresa, na lista de fraquezas, Juliano disse: "Ah, *coach* (como ele me chama até hoje), eu sou muito introvertido, até tímido eu me acho". Fizemos um exercício de relaxamento e, em seguida, eu o questionei de forma direta: "Como um cara que grava YouTube, dá aulas, palestras, apresenta um programa de TV, escreve e canta numa banda pode ser tímido ou mesmo introvertido?". Ele arregalou os olhos. Ficou alguns minutos em silêncio e me disse: "Caralho, é verdade. Eu sou muito extrovertido. Como eu nunca percebi isso antes?".

Ou seja, Juliano se via de forma totalmente incongruente com a sua realidade. E sabe o que mudou depois de ele olhar para si mesmo? O mundo ficou mais leve. Ele assumiu que, por ser um cara que atua em várias frentes, sendo bom em todas, por ser alguém sociável e extrovertido, sabia lidar com as ferramentas e pessoas numa boa. Resumo da ópera: o cara se transformou ali, na minha frente. As expressões do rosto mudaram, o sorriso saiu mais solto. O andar ficou mais descontraído e, meses depois, até um livro ele tinha publicado, sem medo de ter alguém para ler ou não, porque ali, num momento de autoconfiança, ele percebeu que já era maravilhoso e poderia ser o que quisesse dali em diante.

Tarefa 1

Nosso primeiro espelho

Eu costumo dizer que alguns dos exercícios são como espelhos, porque nos colocam frente a frente com nossa verdade, como se estivéssemos nuas olhando para o espelho. Aqui vai ser mais ou menos isso, mas não precisa tirar a roupa propriamente dita. Pode só tirar o medo de ser maravilhosa e se jogar de cabeça no nosso exercício.

Sugiro que coloque uma música que encha seu peito de afeto – vou deixar um QR Code com uma sugestão de *playlist* –, sente-se com seu bom caderno e comece, sem dó, a me responder:

1. O que eu tenho de bom para mim, para o outro, para o mundo? Pode rasgar o verbo entre qualidades físicas, emocionais, espirituais e profissionais.
2. O que eu posso fazer no meu dia a dia para praticar tudo o que citei acima? Atitudes e oportunidades que te façam usar tais características citadas.
3. Agora pense nas suas fraquezas, pontos que você pode e quer melhorar e liste-os também.
4. Quando, onde e por que tais fraquezas acontecem? E o que eu posso fazer para diminuir tais comportamentos?

Tipo pergunta de prova, né? Daquelas que, mesmo sendo sincera, a gente tem dúvida sobre o que está ou não certo.

Uma dica: não tem certo e errado. Tem você se abrindo e percebendo mais sobre si mesma.

Esse exercício é um tipo de SWOT pessoal, uma ferramenta de *coaching* de vida, indicada para analisar estrategicamente suas emoções e comportamentos. Pode fazer sem medo, porque a parada é mais do que testada e funciona.

Dica da Vivi

Se ver como uma pessoa maravilhosa não tem nada a ver com querer estar pronta, perfeita e com tudo em cima, ok? Pegue leve consigo e deixe que coisas boas apareçam. Se a autocrítica tomar conta da sua mente aqui, só vão sair fraquezas. Então, aumente a música, relaxe e seja boa, não perfeita.

Aponte a câmera do seu celular ou utilize a URL https://spoti.fi/3Mf8UVM para acessar.

Fazer até dar certo

Sim, o título é mais uma frase de efeito. Mas também uma estratégia para se amar mais. Até porque, depois de identificar e perdoar dores, de se permitir ser maravilhosa, a autoestima já deve estar a mil, né? Não... eu sei que não.

Tem uma coisinha que pode minar tudo que já construímos até aqui: aquele velho hábito de se comparar, e achar que o mundo todo consegue ser feliz no amor, na carreira, com o corpo, em tudo na vida, e você não. E isso destrói a lista de coisas boas conquistadas antes.

Isso tem nome: vitimismo. Segundo a inteligência emocional e positiva, o vitimismo é um dos 10 comportamentos de sabotagem interna que todos nós praticamos em algum momento da vida. Mas, nas pessoas que sofrem com a falta de autoestima, ele é mais frequente. O responsável por trazer aquela sensação constante de "ninguém me ama, ninguém me quer" ou ainda "oh céus, oh vida". E aí, em vez de você resolver os problemas e situações mais densas que surgem no dia a dia, a sensação de incapacidade te consome, e você, além de simplesmente não fazer nada para mudar, ainda adora arrumar um culpado, que, claro, é sempre o outro, né, flor do campo? Ao mesmo tempo, você vive na reclamação, esperando que algo do realismo mágico dos filmes aconteça com a sua vida e que tudo mude de repente, sem empenho, esforço ou o mais importante: sem autorresponsabilidade.

Sinto muito, minha filha, mas mais uma vez este passo vai te colocar para arregaçar as mangas. Se preocupa não, porque aprender a ser dona da sua vida é gostoso, eu garanto.

Antes de começar a contar como o vitimismo lasca com a sua vida, eu quero te falar uma outra coisa: toda e qualquer realidade em que você esteja vivendo é responsabilidade sua. Somos os donos da nossa vida. E entre o ser feliz ou não, existe o poder de ser autor da sua novela. Ou seja, se sua relação amorosa, por exemplo, hoje é péssima, sim, é responsa dos dois. Mas aceitar isso, e continuar ali, onde faz mal, é uma escolha sua.

Agora sim, sabendo disso, podemos entender o que, como e quando mudar para deixar sua vida muito mais poderosa, como a pessoa incrível que nós sabemos que você é.

O vitimismo é o sabotador que provoca a sensação de carência e de inferioridade. Sendo assim, precisamos entender aqui o que é fato ou *fake*.

Tarefa 2

Fato ou *fake*?

Responde para mim, como quem está num papo sincero na mesa do bar com a melhor amiga, ok? Inclusive, quando acabar de ler o livro, se você se sentir pronta, pode me chamar para um papo num bar. Vou amar!

1. Você é uma pessoa frágil, fraca, incapaz e indefesa com provas *vividas* disso?

a) Fato, eu realmente vivo assim.

b) *Fake*, eu até penso isso de mim, mas, quando o calo aperta, consigo reagir e resolver.

2. Suas dores são sempre causadas pelo outro, como se você fosse incrível, mas falta o mundo descobrir seu talento e brilho pessoal?

a) Fato, eu faço tudo que eu posso e não tenho oportunidades e o reconhecimento que eu gostaria.

b) *Fake*, eu reclamo muito, mas ainda faço pouco para ser e ter o que eu realmente quero para minha vida.

3. Suas relações são cheias de traição, maus-tratos e dependência emocional?

a) Fato, eu me trato emocional, física e espiritualmente, para evoluir, inclusive com os erros já vividos.

b) *Fake*, eu já vivi relações doloridas, nunca as tratei, por isso sigo achando que tenho o dedo podre e que homem não presta, o que me causa insegurança e carência.

4. Eu reclamo que nada nem ninguém me vê, me ouve ou me nota?

a) Fato, eu já falei o que sinto, já busquei direitos, reconhecimento e, ainda assim, parece que minha voz é baixa.

b) *Fake*, eu até tento ser vista, mas, quando não é do meu jeito, cruzo os braços e deixo o outro se tocar que mereço mais.

São poucas perguntas, mas se você respondeu pelo menos 2 *fakes*, é porque o vitimismo anda fazendo cena na sua vida. Nesse caso, nem adianta eu te falar sobre amor-*próprio*, porque você ainda acha que é minha responsabilidade fazer você se amar, e não sua, dona da sua vida, em praticar tudo o que está lendo aqui e transformar seus comportamentos. Masss, se você ainda quer mudar isso, bora para o próximo passo, tomar as rédeas dessa parada... ops, mais uma frase de efeito.

4.

*autor***respeito**

Simples como dizer "NÃO!"

Não tem jeito, se amar é uma questão multifacetada, ou seja, ou a gente olha para todos os lados, ou vamos focar só no romance, no corpo padrão e na conta bancária. Neste passo, quero te ensinar uma das lições mais importantes para sair do vitimismo – aquele monte de cena *fake* que você viu anteriormente e que atrasa demais sua vida.

Antes de começarmos a entender mais sobre autorrespeito, quero te pedir um favor. Fale em voz alta a seguinte palavra:

NÃO!

Mais uma vez:

NÃO!

Deu certo? Falou numa boa? Ótimo, sinal de que não temos desculpa para não praticar o autorrespeito.

Se respeitar depende de olhar para si antes de olhar para o outro. E, por mais óbvio que isso pareça, é difícil pra cacete. Ainda mais no caso das mulheres que, na nossa sociedade patriarcal, aprenderam a colocar o marido, os filhos, os pais, a religião, o cachorro e o papagaio antes de si.

Enquanto você quiser agradar o mundo, vai viver desagradando a si mesma.

Isso me faz lembrar um curso muito lindo que ministrei antes da pandemia, ainda em formato presencial. A ideia era formar um grupo pequeno de mulheres, mães, que quisessem resgatar outros papéis esquecidos depois de terem filhos. E um deles era o mais importante para viverem bem: resgatar a *mulher* que havia ali dentro.

Eram 8 mulheres. Uma delas, que vou chamar de Janaína, me chamou atenção, porque, apesar de sua filha já ter 3 anos, ela ainda usava roupas de gestante. Ou seja: quem era ela mesmo? A menina era uma princesa, linda, cheirosa, impecável, mas Janaína tinha se abandonado enquanto mulher. Segundo ela, o marido não a ajudava muito com a criança, mas, conforme fomos desenrolando o curso, ela aprendeu a deixar a filha com o pai para ir ao salão, por exemplo. Mudou o cabelo. Voltou a trabalhar. Sabe por quê? Porque, ao olhar para si, ela percebeu que estava se anulando, e não era só o marido que poderia ajudar mais, era ela mesma que poderia criar mais tempo para si. Numa das vezes que ela deixou a filha com o marido, ele ligou comentando que precisava trocar a fralda da "filha dela". Ela respondeu: "Tem fralda aí". E ele, obviamente, aprendeu a trocar. Sabe aquele papo de que as pessoas só fazem com a gente o que a gente permite? Então...

Jana contou que, para entrar no curso, um fato foi fundamental: ela estava tão estressada que teve um mal-estar forte e precisou ser socorrida por uma ambulância. Ali ela percebeu que, inclusive pela filha, precisava se cuidar mais. Afinal, se ela não se cuidasse e não tivesse saúde física e mental, quem cuidaria da filha, da casa e de tudo que a sociedade a convenceu de que ela precisava cuidar?

Não é fácil. Eu sei. Mas o autorrespeito é fundamental para fazer de você uma pessoa com mais consciência sobre si e, aí sim, mudar o que não anda bem. Depois do curso, sem roupas de gestante, cabelo e unhas em dia, vida sexual retomando aos poucos, e muito mais amor para dar para a filha, Jana fez algumas sessões de mentoria individual comigo para focar na empresa e retomou sua caminhada. Hoje, a princesa dela segue sendo amada e linda como uma boneca, mas Jana também. Eu soube que voltou para terapia, procurou uma nutri. Sabe como isso se chama? Autorrespeito, meu amor, quando você fala "não" para quem e para o que te faz mal – inclusive para si mesma, se você for sua maior carrasca.

Tarefa 1

Listinha de importância

Eu sei, você já deve ter feito mil listas do que importa para você. Mas, agora que você já está quase no meio do caminho, sua lista há de ser diferente. Por isso, respire fundo e sem medo de ser julgada – lembre-se do que eu disse no começo do nosso livro, somos só eu e você por aqui – e diga, em ordem de prioridade:

O que é mais importante *na sua vida*?
Ah! Capricha, hein! Coloque, pelo menos, 10 itens. Colocou?!
Agora quero que você olhe a lista do começo ao fim e repare, dentre os 10 itens superimportantes, em qual posição está a palavra *eu*.

Se você não se colocou em primeiro lugar, ou nem se lembrou de citar a si mesma, é porque tem muita permissividade aí.

Aliás, você sabe o que é ser permissiva? Eu te conto. É o famoso bonzinho demais, que quase beira o puxa-saco, de tanto que quer agradar ao outro. Diz "sim" para tudo e todos, mesmo quando esse "sim" violenta a si ou seus valores. Aí você me questiona: "Mas, Vivi, por que cargas-d'água alguém diz 'sim' para o outro enquanto se nega, se rejeita, se deixa de lado?". E eu te respondo: porque aprendemos que o amor puro é aquele que dá tudo sem pedir nada em troca; aquele que serve para depois ser servido; aquele que confunde ser *bom* com ser *bonzinho*; e, ainda, aquele que ama, faz de tudo pelo outro na expectativa de que o outro faça o mesmo por ele. Daí o mundo gira e, quando você percebe, ninguém deu, cuidou, amou você da forma como você esperava... porque só você pode fazer isso por si mesma.

O EGOcentrismo

Eu sei, você ainda está me achando *bem* egoísta por sugerir que você esteja acima dos seus filhos e até mesmo de Deus. Mas eu quero te acalmar nesse sentido. Amar ao próximo como a ti mesmo é, inclusive, um mandamento do grande Criador. Então, por que seria errado se amar e se priorizar? E mais, por que você precisa dizer "sim" mesmo quando quer dizer "não"? Falta respeito aí, sim. Falta você se ver e se colocar no centro da *sua* vida.

E, ao contrário do que você aprendeu no mundo, o egoísmo não é se achar demais ou querer tudo do seu jeito. Isso se chama arrogância. Egoísmo vem de egocentrismo, quando você quer ser o centro da vida do *outro* e, por isso, faz tudo de que precisa para ser amada, até mesmo ser permissiva, boazinha e fazer de tudo esperando algo – mesmo que migalhas – em troca.

A desculpa perfeita para não se amar é querer só o amor do outro.

Tarefa 2

O "não" na vida real

Aqui a tarefa é bem simples. É hora de deixar a vontade do outro em segundo plano e praticar a tarefa anterior com *você* em primeiro lugar. Para isso, durante esta semana – e, de repente, para o resto da vida –, sugiro que você fale "não" para tudo aquilo que te faz mal, e "sim" para tudo aquilo que você quer de verdade.

Importante: sem mentir nas justificativas, ok? Falo isso porque, certa vez, uma das minhas alunas da mentoria, a quem vou chamar de Patrícia, estava firme e forte na missão de se amar e respeitar mais, e cansada de viver de acordo com a vontade das amigas tóxicas e dos *crushes* sem sentido com os quais ela se envolvia. Lá pela décima sessão, começamos a ver mudanças lindas no seu comportamento. Uma delas era não aceitar mais desaforos de uma amiga nada legal. Ela comentou que elas tinham uma viagem marcada juntas e que dali em diante ela se afastaria, porque a companhia da amiga não agregava em nada. Pois bem! Paty foi ao passeio e, na semana seguinte, na nossa sessão, veio toda orgulhosa contar que, finalmente, se posicionou quando se sentiu desrespeitada pela tal moça.

Ela estava no quarto dormindo, quando a amiga chegou com um estranho, no caso um rapaz que ela tinha conhecido em uma festa, sem nem se preocupar com o fato de a Patrícia estar de camisola, dormindo de bunda para cima. A moça foi para o banheiro e começou a dar uns amassos bem barulhentos. Num fôlego, Patrícia só pegou suas coisas e foi embora, de madrugada mesmo. Lindo, né? Afinal, ela realmente tinha sido desrespeitada. Mas... ela mandou um SMS para a tal "amiga" dizendo que ia embora porque sua cachorra estava passando mal, e não por causa do comportamento péssimo que ela havia tido. Aí eu te pergunto, minha amiga: isso é se defender, se respeitar e se posicionar? Não!

Isso é mentir para continuar sendo boazinha com quem não respeita nem o seu espaço.

Resumo: no fim da sessão, Paty saiu com a tarefa de contar o real motivo de ter ido embora do hotel no meio da madrugada e de sinalizar que seu limite havia sido ultrapassado. Afinal de contas, se você não fizer, quem vai fazer por você?

Importante dizer que um belo e lindo "não" nem sempre vem na forma da palavra propriamente dita, mas também de se recusar a ficar em situações intoleráveis, de poder dizer o que pensa, sente e o que quer fazer com aquilo tudo, sem pensar no outro, que não tem pensado em você.

Sendo assim, vamos à prática: durante os próximos dias, sugiro que você perceba quais são as situações mais comuns em que você se coloca de lado e comece a se posicionar. Você pode dizer: "Ah, Vivi, mas e se fulano me deixar por causa disso?". É um livramento dos bons, minha filha. Porque quem vive por perto só enquanto você diz "amém" pra tudo pode estar mais te sugando do que amando. E se, mesmo sabendo disso, ainda for difícil se posicionar e se respeitar... vem para o próximo passo que eu quero te ensinar mais um pilar dos bons para fortificar sua autoestima, porque essa sua dificuldade com certeza tem a ver com um incômodo em ser e viver como sua maior prioridade. Mas, se colocarmos uma pitada extra de comprometimento, aos poucos você se acostuma com a ideia de se amar acima do outro. Topa tentar?

Honre suas promessas

O autoconhecimento só vai mudar sua vida se você experimentar tudo o que descobrir sobre si mesma.

Você deve pensar: *Ué, mas eu honro todos os meus compromissos.* É claro que sim. Mas não é bem a esse tipo de compromisso que me refiro aqui. Veja só no que você, provavelmente, pensou quando leu o título deste texto:

- Boletos, ok.
- Mensagens para responder, ok.
- Casa limpa para receber visitas, ok.
- Sair com a colega mala porque não dá para negar, ok.
- Academia para ficar dentro do padrão, ok.

Mas...

- Atividade física que me dá prazer e saúde, X.
- Leitura que edifica, X.
- Investir a grana em algo para mim, X.
- Curtir meu tempo de descanso, X.
- Sair com pessoas recíprocas, X.

Enfim, você é mesmo comprometida, mas apenas com o outro. Aqui, quando eu falo de honrar suas promessas, é sobre as que você faz pra si mesma, todo domingo à noite, por exemplo, quando uma nova semana vai começar e, na primeira inconveniência, deixa para a semana que vem tudo aquilo que planejou.

Autocompromisso é o que falta para praticar a autoestima, para não ter mais medo do julgamento alheio, para entender que não há nada de errado em se respeitar. Afinal, jogar apenas no time do outro é viver mais pelo que importa para alguém do que para si mesma, e aí, tudo o que você já leu e aprendeu até aqui cai por terra.

Autocompromisso é meter a mão na massa, sair do banco de reservas e, *sim*, jogar no *próprio* time. Um exemplo simples de que você até entende sobre o assunto, mas não faz nada para mudar o que tem te feito mal: você dá os melhores conselhos para as amigas, parentes e até colegas de trabalho. Dá força, ideias, estratégias e até as receitas dos seus melhores bolos, mas, quando chega a hora de fazer o mesmo por si, a parada simplesmente não funciona.

Certa vez, lá no início da minha jornada de autoconhecimento, li ou ouvi algo que falava sobre a importância do fazer, e não apenas do falar, para evoluir realmente. E foi aí que eu entendi por que ler um livro, apenas, não seria o suficiente para mudar minha vida. Até porque, lá pelos 18 anos eu já tinha lido vários livros, mas vivia do mesmo jeito: sem me aceitar e com medo de ser rejeitada – e era por isso que eu vivia com raiva do meu pai e dos namorados, apenas na postura de estudante, e não de praticante.

Minha filha, olha só que simples: estude uma nova língua por anos. Fique fluente. E aí, deixe-a em desuso. O que acontece? Pá! Você simplesmente esquece como se fala, desde uma frase simples até uma gíria que você sabia de cor. Então, acho que dá para entender a importância de se planejar no domingo à noite, sim, mas de fazer os planos virarem ações, também, certo?

Sendo assim, eu te desafio – adoro falar isso para as minhas alunas, desperta uma coragem do fundo do âmago – a jogar na linha de frente do seu time nesta semana. Aquela velha vontade de voltar para as aulas de dança: *faça*. Aquele plano de meditar quinze minutos antes de dormir: *faça*. Aquela ideia de pesquisar mais sobre aquele curso dos sonhos: *faça*. Mesmo que caiam canivetes do céu, apenas cumpra a sua promessa. Isso é comprometimento. Isso é honrar a sua palavra da mesma forma que faz com o cara mala, com o chefe folgado que te prende até tarde no trabalho sem pagar um centavo de hora extra e com a amiga que ama uma carona, mas nunca divide a gasolina – mesmo com o preço que está.

Tarefa 3

Você importa!

Essa é simples: faça ou compre um *planner* semanal. E, num domingo à noite (sim, esse momento é ótimo para planejar sua semana e acordar com um gás no dia seguinte), coloque nele *tudo* o que você *realmente* vai cumprir.

Uma sugestão muito importante: legende seus planos. Destaque com canetinhas coloridas o tipo das tarefas. Exemplo: eu uso laranja para tudo que tem a ver com planos de trabalho; amarelo para compromissos que ainda não foram confirmados, mas vale registrar o espaço na agenda; verde para burocracias – tipo pagar contas; e rosa para tudo que diz respeito a mim – academia, unhas, massagem, acupuntura, meditação, namoro, cinema, jantares, enfim, tudo o que eu deixaria facilmente de lado por puro costume de ficar no último lugar da fila.

Vou te contar de onde tirei esse lance de legendar meus planos. Quando estava no começo do Vivipraisso, precisei planejar minha rotina, porque sentia muita dificuldade em trabalhar sozinha. Fazia tanta coisa ao mesmo tempo que acabava deixando outras de lado, tipo pagar meu convênio médico. Resolvi usar as cores porque ficaria mais bonito. Uma empresa tinha me mandado um desses *planners* cheios de adesivos e, num domingo de tédio, comecei a rabiscar. Quando me dei conta, minha semana só tinha compromissos de cor laranja e verde, ou seja, de trabalho e de resolução de problemas. Gente, cadê eu ali? Na hora, refiz e dei um jeito de colocar academia, massagem, unhas, hidratação no cabelo, uma série, um livro, sair para dançar... Afinal de contas, quem disse que organizar e planejar têm a ver só com trabalho? Quem passa uma vida se deixando de lado precisa se lembrar, sim, de se cuidar e se amar mais.

Tarefa 4

Multiplica, Senhor!

Depois de aumentar seus compromissos com você mesma, adivinha: diminua com os outros. Caso contrário, minha filha, vai ter um piripaque para dar conta de tudo e, no fim, quando precisar desmarcar algo por falta de tempo, vai desmarcar com você, nunca com o outro.

Olhe para sua semana e registre com as outras pessoas só o que for importante mesmo, e as coisas supérfluas desmarque, e use o tempo com a pessoa mais importante da sua vida: *você*!

Dica da Vivi

Ah! E, antes de irmos ao próximo passo, um aviso: há um enorme risco de você se boicotar aqui, ou seja, cortar as próprias asas, então fique atenta às desculpas. Você é dona do seu destino, por isso sabe dizer quando há um empecilho real para um compromisso e quando é autossabotagem.

Quando eu emagreci da última vez, pouco antes de sair do emprego tóxico, precisei usar todo o meu comprometimento e bom senso comigo. Caso contrário, a preguiça, o cansaço e a vontade de comer o mundo para descontar minhas frustrações teriam me dominado, como sempre acontecia. O que eu fiz para não me boicotar? Não pensei muito. Quando eu planejava sair do expediente para a aula de *bike*, por exemplo, já levava a mala de roupas para me trocar no trabalho, sem nem dar tempo de questionar se eu deveria ou não ir porque o dia tinha sido puxado. Acabava a função do dia, eu corria para o banheiro, colocava a roupa, sentava na cozinha da empresa, comia meu lanchinho e seguia o rumo da academia. Agora, se eu deixasse para me trocar e comer na academia, durante o trajeto de carro, meus sabotadores berrariam mil motivos para eu ir para casa, e eu iria. E não teria olhado para meu corpo, minha pele, minha saúde mental. Então, respira fundo aí, mulher, e só vai, sem pensar muito. Porque agora é hora de acabar com esses mil e um motivos que fazem você se boicotar.

5.

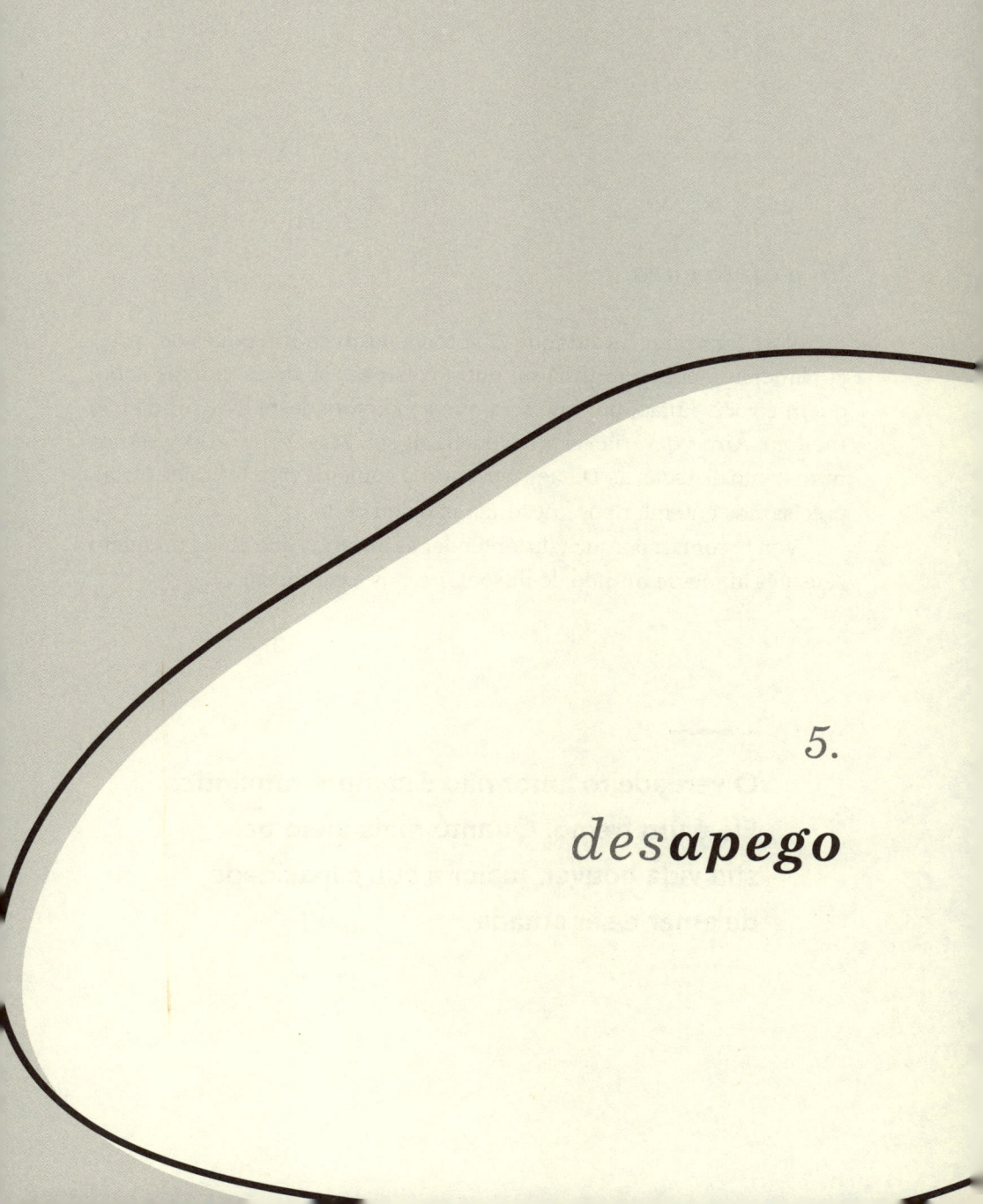

desapego

Só o afeto cura

Você fez as tarefas até aqui. Já aprendeu a dizer um pouco de "não", já planejou e cumpriu uma ou outra coisinha, já até sabe mais sobre quem é você. Então, por que será que a vida fora deste livro ainda não mudou? Amar deveria ser mais fácil, eu sei. Mas, como não vivemos num conto de fadas da Disney nem numa comédia romântica de Natal, precisamos entender por que ainda não deu certo.

Vou te contar: porque falta entender as amarras que ainda prendem seus pés aí, nesse mundo de ilusões, apegos e carência.

O verdadeiro amor não é sempre romântico. Ele é um treino. Quanto mais afeto pela sua vida houver, maior a sua capacidade de amar e ser amada.

Todos os dias eu abro a caixinha de perguntas nos *stories* do Instagram. Eu posso querer trocar receitas, falar de viagens ou de moda, e lá também sempre tem perguntas sobre o que eu chamo de um dos males da humanidade e que acentuou na pandemia: a carência afetiva.

E sabe por que, mesmo aprendendo e praticando, o amor-próprio ainda não bateu forte aí? Porque você pode ainda estar procurando sua felicidade no outro, e não em si mesma.

Eu já fui muito carente. Muito mesmo. Vivi relações extremamente tóxicas por causa disso. E é legal te alertar que não é só no romance que rolam situações ruins, viu? Na amizade, na família e no trabalho também.

Uma das carências que mais demorei para perceber foi de amizade. Tive uma grande amiga de infância. Nos relacionamos de forma muito próxima dos 7 aos 33 anos. Viagem, festas, formatura, tudo grudadas. Eu costumava dizer que sem ela não existia Vivian, e ela também não existiria sem mim. Gente, que tóxica eu era. Era uma relação com pouco ou quase nada de reciprocidade desde sempre. Era *eu* quem movia céus e terras para ela dormir na minha casa quando éramos crianças; *eu* que ia buscar, levar e até pagar os rolês adolescentes; *eu* que aceitava ir para lugar de que eu não gostava só para ela poder ir... Eu, eu, *eu*.

Mas, aí, comecei a tratar minhas dores, aquelas que começamos a curar nos primeiros passos, e pude perceber que não havia troca. Quando eu precisava dela, por exemplo, para me ajudar num evento do Vivipraisso, ela raramente aparecia e sempre dava desculpas ou inventava mentiras. Quando ela não gostava do lugar ou da música do evento, simplesmente desmarcava em cima da hora e me deixava na mão; quando eu estava crescendo profissionalmente, ela não quis estar na plateia e comemorar comigo e com a minha família, onde eu a colocava, porque a considerava uma irmã. E aí, num papo com uma amiga em comum, que era psicóloga, ouvi o seguinte: "Vi, até quando vai segurar essa amizade sozinha? Não percebe que ela não está ali, do mesmo jeito que você está?".

E eu percebia. Já tinha até tentado me afastar, mas realmente achava que, por termos sido melhores amigas na infância, tínhamos que ser para sempre. E não é assim. O afeto por mim falou mais alto quando cansei. Como eu disse para ela uma vez, lá pelos 17 anos: "Quando eu parar de nadar, nossa amizade morre na praia". E morreu. Porque, quando eu percebi que deveria fazer as coisas por mim, pela minha vida, pelos meus sonhos e por quem andava lado a lado comigo, parei de nadar por dois. Não terminamos nossa relação com brigas. Nossa última conversa foi quando ela me chamou para uma festa e me disse que lá só venderia cerveja – eu não bebo cerveja –, então poderíamos ir com meu carro. Quando falei que preferia ir de Uber, ela disse que iria com outra pessoa e me encontraria lá. Eu desejei boa festa. Ela mandou um *emoji*. Eu não a procurei mais, nem ela a mim. O Uber aqui deixou de trabalhar de graça, e a amizade de mais de vinte anos acabou.

Entenda: esse papo de amar por dois é uma doença emocional séria que se chama dependência emocional. E, com ela, aparece o medo de ficar sozinha, que berra na sua mente. É como se você estivesse certa de que, sem essa ou aquela pessoa, sua vida não aconteceria – *vide* a fala que eu, com zero autoamor, dizia sobre minha melhor amiga, que *eu não existiria* sem ela. Faz três ou quatro anos que não falamos mais. E olha só: eu continuo existindo, sim; inclusive, muito mais do que quando me contentava com migalhas só para dizer que tinha uma melhor amiga. E estou muito feliz em escrever sem culpas ou sofrimentos sobre essa dependência emocional que ocupou um enorme espaço na minha vida. Porque é isso que a dependência emocional causa: dor, culpa, medo.

É claro que, com tantos sentimentos ruins, o amor-próprio se esvai. Lembro da primeira vez que citei a carência como causa da falta de amor-próprio. Não me recordo se já mencionei aqui, mas, durante dois anos, tive um programa na rádio Vibe Mundial. E, em um dos programas, de supetão, uma ouvinte me perguntou por que ela não conseguia se amar. Por que ela amava tanto e não era amada? E aí, eu respondi ao vivo: "Porque você está carente". A carência é como se fosse um ralo no seu peito no lugar do coração: você até produz amor pela sua vida, mas ele escoa e, como não é suficiente, você precisa de outra fonte de amor. Essa fonte vem do outro, e isso te torna dependente dele para se sentir amada.

Dependência e codependência

Sim, a dependência emocional é um fato na vida da maioria das pessoas que não têm amor-próprio. Por não ter amor suficiente por si, você busca outras fontes de amor e acaba dependendo delas para viver.

"Tal qual alguém se torna dependente químico de álcool, tabaco ou cocaína, também acontece a dependência química do corpo, em relação à bioquímica das emoções."

Elainne Ourives

Costumo dizer que se amar ou se achar quando alguém te ama ou te acha gostosa é fácil. Isso porque uma dependente emocional, enquanto tiver uma fonte extra de amor, não percebe seu comportamento negativo: sente-se amada porque o outro a ama. E até aí, ok. Mas o que fazer se esse outro for embora? E se o outro morrer? Aí, minha filha, a conta da sua falta de amor por si mesma vem, e vem como um chute no peito.

No caso da amizade tóxica que relatei, foram muitas tentativas de afastamento. Mas eu sempre a procurava e voltava a amar por nós duas. Sabe por quê? Porque eu achava que não teria outra amiga como ela, que não conseguiria uma parceira de tantos anos, uma irmã de consideração. E, sim, nossa amizade teve muito mais momentos bons do que ruins, mas mesmo que os momentos ruins me machucassem muito, quando nos afastávamos, eu só me lembrava dos bons e me sujeitava a aceitar o que não me fazia bem só para tê-la por perto. Parece uma história de amor romântico, né? Mas pode reparar: se você está carente, e depende da presença e do amor do outro para ser feliz, vive várias relações tóxicas e cheias de abuso. Porque o medo de perder é muito maior do que a coragem de aprender a ser feliz sozinha.

E sabe por que é tão difícil sair desse tipo de relação? Porque, enquanto você depende do outro para se sentir amada, o outro se sente dependente da sua dependência. Ou seja, a outra parte é codependente de você. Um está carente; o outro é egocêntrico. Um ama por dois, o outro por nenhum. Seria um casamento perfeito, se não acabasse com toda a sua capacidade de se amar mais, por esperar que o amor venha sempre do outro.

Quando você vibra na carência e vive na dependência emocional, não tem jeito: o amor que surge adoece e, em vez de afeto, poderíamos chamá-lo de apego, uma dedicação em excesso. E se você se dedica excessivamente a alguém, o que resta dessa dedicação para você?

Apego

s.m.

Dedicação constante e excessiva a algo.

Tarefa 1

Jogo do DESapego

Agora que você já sabe o que é ou não é um amor saudável, quero sugerir uma sessão de descarrego, porque só assim você vai ter espaço para trocar o ralo pelo coração que deveria estar aí, produzindo amor suficiente para si.

Então, vamos aprender a identificar os apegos brincando? Responda a este *quiz* com aquela sinceridade marota que você já tem comigo — e com você também, claro.

1. Quando passa um tempo sozinha, você:
a) Fica numa boa, se curte, se namora, escuta um som, assiste a um filme ou faz qualquer outra coisa de que gosta, sem pressa ou medo de estar consigo mesma.
b) Chora, *stalkeia* o outro, se compara com a felicidade vista nas redes sociais alheias, e se sente esquecida pelo mundo.

2. Quando está numa situação com a qual não concorda, você:
a) Consegue dizer o que pensa e sente, porque sabe que sua parte ali também importa.
b) Não fala, nem demonstra insatisfação por medo de perder algo ou alguém.

3. Quando recebe um elogio, você:
a) Acredita que é real, agradece e se sente feliz por isso.
b) Entende na hora que é mentira do outro e que ele deve ter algum interesse em algo para te elogiar gratuitamente, já que você acha que aquele elogio não condiz com a sua realidade.

4. Numa relação falida, você:
a) Se posiciona e defende seu espaço, porque é melhor ficar sozinha do que mal acompanhada.
b) Vive entre idas e vindas, porque não tem certeza se consegue viver sem aquela pessoa.

5. Numa roda de amigos, com papos polêmicos, você:
a) Defende seus ideais, sem desrespeitar o outro.
b) Prefere não falar sobre esses temas para evitar discussões.

6. Na sua casa, sua relação com a família é:
a) Tranquila, com momentos juntos, mas também com individualidade entre sua vida e a deles.
b) Tudo junto e misturado, todos palpitam e participam de tudo sobre sua vida e decisões.

Ufa! Pesadão, hein? Pois é. E vai ficar mais pesado ainda. Se você respondeu pelo menos uma letra B, talvez tenha comportamentos de dependência emocional e afetiva, o que é uma prova de que precisa seguir em frente, aqui e na vida, para aprender a fechar os ralinhos que estão drenando seu amor-próprio.

6.

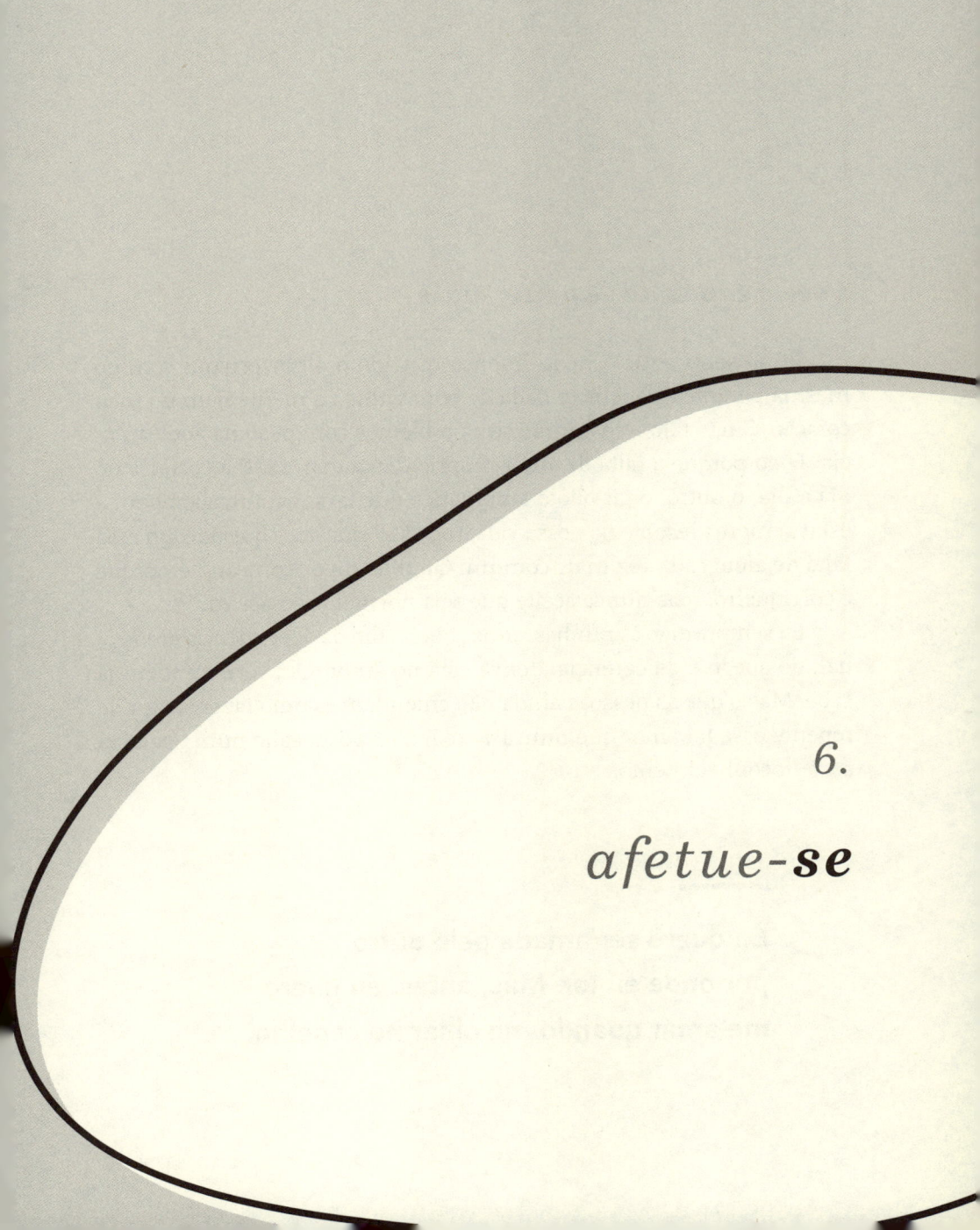

afetue-se

Você é capaz de se amar mais

Eu já senti aquele vazio imenso quando o olhar cruzou comigo mesma perante o espelho e nada de bom vinha na mente nem no meu coração. E não falo isso porque tive problemas com peso na adolescência. Digo porque a falta de amor-próprio deixa marcas. E a correria do dia a dia, o outro, o tal piloto automático que leva a autossabotagem a estar sempre presente na nossa vida, tudo são questões que deixam essa falta de afeto cada vez mais comum. Quando digo "comum", é porque é corriqueiro, mas nunca aceite que seja normal viver assim.

Eu sempre digo às minhas alunas que a cura da dependência emocional, do apego e da carência afetiva está no amor. Ok, você também já sabe. Mas o que as pessoas ainda não entendem é como fazer surgir de repente esse tal amor que nunca veio. E a resposta cabe numa palavra só: autoconhecimento.

Eu quero ser amada pelo outro, por onde eu for. Mas, antes, eu quero me amar quando me olhar no espelho.

Eu passei a ter vontade de me conhecer porque comecei a fazer acupuntura. Eu já comentei que desde os 18 sofro com enxaqueca, então lá fui eu atrás de amenizar as tais crises. Eu fazia as sessões com o Dr. Ronald Santos, um biomédico incrível e acupunturista melhor ainda. Eram encontros semanais, mas que não eram só uma consulta. Eram aulas.

O Dr. Ronald é um profundo conhecedor da espiritualidade e da mente humana, e eu, questionadora desde que me conheço por gente, queria entender por que quando ele colocava agulha ali me dava vontade de rir; quando colocava acolá, de chorar. Ele me explicou sobre os meridianos, que são os nossos chacras, ou pontos de energia, que, segundo a medicina chinesa, se referem a nossos órgãos e glândulas. Por isso, ao espetar uma agulha no ponto X da orelha, a dor de cabeça ameniza, pois lá tem um ponto de analgesia, ou seja, o que diminui as dores em geral. Era mágica para mim.

Mas não me bastou saber o que acontecia por dentro. Eu queria entender cada um desses pontos, meridianos ou chacras, e como as minhas emoções estavam tão ligadas a tal dor. Lembro dos neurologistas que procurei para entender essas crises de dor de cabeça, e um deles me disse: "A enxaqueca é um sintoma de algo que não está bem, ou seja, não tem cura. A gente tem como amenizar, mas, no geral, você se acostuma a viver com ela". Me senti ofendida. Como alguém poderia se acostumar com algo ruim? E isso, minha filha, é o ponto de partida do autoconhecimento: questionar suas dores, crenças, medos e não aceitar tantas distrações assim.

Nossas crenças são uma regra forte na mente, e elas ditam os nossos comportamentos. Questionar por que eu tinha dores de cabeça, por exemplo, me levou a entender que a saúde emocional poderia ser uma das causas, e que eu precisava cuidar dela também. Se eu não tivesse me dado o direito da dúvida, de não aceitar o que a vida automática me enfiou goela abaixo, como o próprio médico sugeriu, não estaria aqui agora, sei lá quantos anos depois, te contando esta história.

Como eu já te disse, minha mãe é psicóloga e manja dos "paranauês" das emoções. Por isso, fomos buscar apoio emocional – foi quando descobri a acupuntura, que foi seguida dos cursos de bioenergias, saúde emocional, física quântica e tudo mais que eu pudesse aprender, ler, questionar e praticar.

Isto é se conhecer: querer, a cada dia mais, entender e lapidar a si mesma com a mesma dedicação que você oferece ao outro. E adivinha: é uma das maiores provas de afeto que você pode dar a si. Ler um livro como este, por exemplo, exige concentração, tempo, disposição e coragem. Se você não se amasse nem um tiquinho que fosse, nem o teria escolhido para ler. Teria comprado algo para conquistar o boy, por exemplo.

Então, minha amiga, nem tudo está perdido. Esse apego aí dentro pode, sim, ser transformado em afeto. Mas, para isso, precisamos falar mais sobre o que você realmente acredita a respeito de si mesma.

O peso – ou a liberdade – das crenças

O sistema de crenças é um estudo antigo, que abrange desde questões filosóficas até tudo aquilo o que envolve o desenvolvimento humano, como psicologia e neurociência. Traduzindo: seu sistema de crenças reúne tudo de positivo e negativo que você acredita sobre o mundo, sobre o outro e sobre si mesma.

O aspecto geral é o que acreditamos sobre o mundo e o outro, como os papéis do homem e da mulher na sociedade, os preconceitos implícitos por gerações e comportamentos repetidos há séculos, com os quais você pode romper ou não. Mas, aqui, eu quero mencionar a parte que mais tem a ver com o seu autoconhecimento: o que você acredita sobre *si mesma*.

O que você acredita acontece.

Lembro da primeira vez que, numa sessão de *coaching*, me perguntaram sobre minhas crenças boas e as ruins. As ruins saíram quase que com fluência. E as boas... nossa, precisei caçar na mente. Eu perguntei à profissional que me atendia o porquê disso, e ela disse: "O ruim está na sua tela mental, no claro, no cotidiano, porque são os pensamentos e comportamentos que você mais tem usado". Fiquei com isso na cabeça, saí da sessão e fui pra academia fazer musculação.

Enquanto me olhava no espelho, para fazer um exercício de ombro – eu tenho bursite, e só musculação cuida disso –, reparei que tenho mais força com um lado do que com o outro. Eu uso mais o lado direito, porque sou destra. A cada treino, eu trago essa mensagem para a minha tela mental. Ao me dar conta disso, entendi o porquê de as crenças ruins, ou limitantes, serem mais fáceis de identificar. As crenças ruins eram os "músculos" que eu mais usava, por isso eram mais nítidas e fortes na minha mente. A questão é: se tudo o que eu acredito acontece, fica fácil de entender as tantas rejeições, a falta de merecimento e o medo de não ser amada.

Mas, da mesma forma como entendi o motivo de as crenças ruins terem mais força, também questionei por que não conseguia ver com facilidade o que havia de bom. Questionei tanto que, assim que o processo de *coaching* acabou, me inscrevi num curso de formação e mergulhei de cabeça nos estudos, porque, gente, descobrir que você está no limbo emocional e não fazer nada pra mudar *não dá*!

Por isso, eu quero te ajudar a entender quando essa carência começou, se ela tem razão de existir e se faz sentido continuar fortalecendo esse comportamento.

Tarefa 1

Encontre as evidências

Liste numa folha que você possa destacar do seu caderno todos os pensamentos negativos e diminutivos que vierem à sua mente sobre si mesma. Alguns podem até ser falas de outras pessoas, mas com as quais você já se acostumou tanto que as tomou para si. As falas e os pensamentos sempre devem ser em primeira pessoa, por exemplo: *amar é difícil para mim. Dinheiro não traz felicidade na minha vida. Eu só me amo quando sou amada pelo outro. Cuidar do meu corpo é ruim e difícil. Eu não sei fazer dinheiro. Eu sou feia.* E por aí vai.

Ao lado de cada frase, quero que coloque uma prova, um fato, uma evidência que te faça ter certeza de que ela é real. E, se não tiver algo que prove, por exemplo, que você é feia de verdade, já sabemos que é uma crença irreal ocupando espaço na sua vida e te impedindo de ir adiante.

E antes que você tenha uma crise de choro por causa desta tarefa, quero te acalmar dizendo que, no QR Code a seguir, deixei um presente lindo para te livrar de cada uma dessas amarras.

Aponte a câmera do seu celular ou utilize a URL https://youtu.be/pNw9oywK6_U para acessar.

Tarefa 2

Hora de produzir afeto

Depois de limpar esse monte de crenças ruins que te mantinham na falta de amor-próprio, surgiu um espaço novo aí no seu peito, certo? Pelo menos, quando a gente tira das gavetas as roupas velhas ou que não usa mais, sobra espaço para as novas. E é isso que vamos fazer aqui: encher esse vazio com afeto.

É uma tarefa tão simples que talvez você não a levasse a sério se me ouvisse falar dela numa *live* ou num vídeo das redes sociais. Mas, aqui, no meio do caminho, não dá mais para fingir que não acredita no tal "amor-próprio na prática", certo?

Então, sem julgamentos, eu quero sugerir que, nesta semana, você inclua no seu *planner* de autocomprometimento mais uma cor: a que vai identificar os compromissos que façam você sentir amor. Desde passear e brincar com seu *pet*, até fazer algo de que você gosta, como cozinhar.

Aprendemos que apego se cura com afeto, então: afetue-*se*!

Dica da Vivi

Faça este exercício sem medo. Coloque pra fora todos os fantasmas que surgirem em sua mente. Só assim poderá vencer esses monstros que estão há anos dominando sua tela mental, tirando o lugar das crenças, pensamentos e sonhos lindos que você com certeza tem aí dentro.

7.

solitude

Será que dá para viver bem sozinha?

Depois de perceber que sofre com carência e dependência emocional, você só quer saber como se livrar disso. Aí, faz o áudio de crenças de força, de liberdade, de autoamor e pá! Parece que algo ainda pode estar te prendendo. O que será? Eu te digo: o medo de ficar sozinha.

Chegamos a um ponto em que, mesmo já tendo sinais de mais amor e até empoderamento na sua vida, ainda falta algo. E é essa sensação de não se bastar que assombra a grande maioria das pessoas que sofrem com a falta de amor por si.

Isso acontece por vários motivos, mas um bem comum ainda está ligado ao que aprendemos sobre achar que se amar é ser egoísta. E não pense que, por ter chegado até aqui, você já se libertou desse hábito de ter medo de ser boa, suficiente e até de curtir a própria companhia quando não tiver alguém ao seu lado.

Lembra que te contei lá no começo sobre um longo período que passei solteira? Pois bem. Durante aqueles anos, tive muitos altos e baixos. Momentos ótimos e outros péssimos, em que realmente me sentia o cocô do cavalo do bandido. Gente, alooou! Sou humana, e nós, humanos, podemos oscilar, sim. Isso já alivia muito, porque o primeiro passo para compreender e viver a solitude é entender que gostar da própria companhia não significa querer ficar isolada numa montanha, sozinha para sempre. Mesmo curtindo a vida de solteira, que durou uns sete anos, eu me sentia sozinha de vez em quando, sim. Ainda mais quando alguém me questionava ou me media por causa disso.

Parece que o Natal é uma ótima época para discutir o não relacionamento de alguém, né? Mulher, foram sete Natais sem levar alguém para a tia chata conhecer. Imagina o tanto de "e os namoradinhos?" que eu tive que ouvir! Então, relaxe – às vezes o mundo é mesmo cruel. Isso não significa que você tenha que aceitar essa crueldade ou até retribuí-la na mesma moeda.

Quando você se ama, aprende a se defender. E é aqui que o "não" sai naturalmente. Por isso, um relacionamento ou a companhia de alguém não definem quem você é. Quando acontece uma situação chata, você lida com naturalidade.

Quando você tiver a si mesma, nunca mais estará sozinha.

Olha só como é real: eu estava com meus primos numa semana qualquer de Natal. Era um churrasco, e levei a tal melhor amiga que já mencionei. Um dos meus primos, distante, que não sabe *nada* da minha vida, lançou no meio do almoço: "Vivian, quer dizer que você é lésbica, então? Nunca vejo namorado seu. Aonde você vai, é com essa sua amiga. Tá colando velcro?". Eu esperei que ele terminasse de gargalhar, como se minha vida fosse um espetáculo de circo, e disse, com toda educação e firmeza que poderia: "Não sou. E, ainda que fosse, no que isso interfere na sua vida? Não preciso estar com um homem para explicar minha sexualidade. A gente fica mais de ano sem se ver e as pessoas se importam se ela é minha amiga ou namorada? Eu já me importo com outra coisa: e seus filhos, como estão?". Ele é um pai péssimo e ausente. E com certeza não havia como medir a minha vida com a régua dele.

Importante: eu disse numa boa, com tom calmo, mas firme. Porque eu amo a minha vida. Como eu disse, não faria diferença nenhuma se eu fosse gay ou não, e ele não poderia me expor e rir daquele jeito. Estar sozinha, solteira ou com uma amiga não deve ser rótulo para ninguém.

O problema maior nem é a opinião do outro, mas, se você duvidar de si mesma, acaba se magoando. Chora, se sente menor, volta três casas no processo, e entra na onda de alguém que mal te conhece e te julga. E é aqui que eu quero começar a te ajudar a curar esse medo de estar sozinha pelo *julgamento*.

Julgar é tomar uma decisão sobre algo, formar um conceito, definir um rótulo. Quem julga a si mesmo faz exatamente isso.

O autojulgamento é muito pior do que o julgamento alheio. Sabe por quê? Porque você dá razão a pessoas que não sabem da sua vida ou não se importam com ela, e mina todo o amor que você poderia ter e viver. O medo de ficar sozinha começa quando você:

1. *Tem medo do que vão pensar sobre isso.*
2. *Tem medo de ser a única sozinha num grupo.*

3. *Tem medo de não ser acolhida por estar sozinha e se sente inferior por isso.*

Os medos aqui sempre têm mais a ver com o que o outro vai achar do que com o que você sente. E isso, minha filha, é autojulgamento. Então, você tem feito consigo o que meu primo sem-noção fez comigo. E mesmo você achando um absurdo a postura dele, você faz igual, todos os dias, com você mesma.

E sabe o que é pior? É que, muitas vezes, essa é uma preocupação boba. Nem sempre o mundo está olhando para nós. E você, cheia desses julgamentos, sofre antes mesmo de ser apontada. Agora me diz: como você pode amar a si mesma, e por isso ser amada pelo outro, se não se acolhe quando precisa?

A solitude começa quando você se torna livre. Sente liberdade de ser você; de agir sem máscaras; de parar com essa onda de impressionar para ser querida; de calar sua voz para não perder alguém. E, simplesmente, percebe que ser autêntica é a melhor forma de levar uma vida emocional realmente saudável.

Tive uma aluna em um curso de autoestima para influenciadores que me marcou. Ela já trabalhava com redes sociais e, por isso, tinha um alcance legal. Ela contou que foi chamada para fazer uma campanha publicitária grande de uma marca vegana. Mas tem um detalhe: ela não só come como *ama* uma carninha e um produto de origem animal e, por isso, não topou. Mas uma colega dela, sim. E olha só a doideira: enquanto a colega postava que amava uma vida vegana, foi flagrada num restaurante comendo um belo hambúrguer de carne vermelha. Ou seja: todo o trabalho de credibilidade caiu por terra. E é o que acontece quando você, para ser aceita, finge, esconde, se adapta. É por isso que, quando está sem alguém para impressionar do lado, não consegue sentir prazer em estar consigo mesma. Que tal começar a se libertar dos rótulos e julgamentos do outro e começar a amar quem você é?

Tarefa 1

Você × o outro

Bora para um *quiz* rápido que vai te ajudar a encarar e mudar essa realidade de não gostar de estar consigo?

1. Quando você vai sair sozinha para uma festa da empresa, por exemplo, escolhe a roupa baseada na opinião de quem?
a) Na minha.
b) Na do outro.

2. Você vai apresentar um relatório importante no trabalho. Antes da apresentação, quem revisa tudo?
a) Eu.
b) O outro.

3. Suponha que você ame tatuagens. E conheceu uma pessoa que não as ama tanto assim. No primeiro encontro, você usa roupas que agradem a quem?
a) A mim.
b) Ao outro.

4. Você foi convidada para um casamento. O dia está chegando, e você não tem quem levar, mas todas as suas amigas estarão acompanhadas. Você vai e curte sozinha ou dá um jeito de levar alguém, mesmo que não tenha nada a ver?
a) Vou sozinha.
b) Levo alguém.

5. Domingo à tarde. WhatsApp silencioso. Redes sociais de todos a mil. Você sozinha em casa. O que te faria feliz aqui?
a) Curtir meu momento de paz.
b) Estar com alguém, mesmo que não muito feliz.

7. solitude

Se você respondeu pelo outro mais de uma vez aqui, sabemos por que ainda não sente prazer em estar consigo. E a solitude é exatamente isso: ter, sim, pessoas ao seu redor. Mas, quando não as tiver, tipo num domingo à tarde, não se deixar abalar por isso, porque, como eu disse, ter a si mesma tira da sua vida qualquer sombra da solidão, da carência e do apego. Então, quem sabe agora você já esteja pronta para seguir ao próximo passo e deixar de uma vez por todas a solidão para trás?

8.

*queira-**se***

Maratona do amor-próprio

Dentro e fora do esporte, o termo *maratona* tem a ver com esforço, empenho e algo que precise da sua resistência para acontecer. E este passo é um daqueles que, sem tudo isso, vai ser só mais um capítulo de livro. Até aqui, já entendemos o que é solitude, e o que fazer para que ela seja uma realidade, mas a tal da solidão ainda pode te impedir de estar plena quando estiver sozinha. Que tal, agora, aprender a transformar solidão em solitude no dia a dia, na vida real, e não apenas nestas páginas?

——

O verdadeiro amor da sua vida só pode ser você.

A diferença entre as palavras é sutil, afinal, ambas representam isolamento. Mas, de forma poética, a solitude trata o isolamento sem a carga sofrida que a solidão carrega. É como se estar só fosse algo natural, e até voluntário. Já a solidão é vista como um rótulo, uma condição sem escolha, por isso machuca e ativa o vitimismo, que já vimos por aqui.

Agora, o que leva uma pessoa a agir assim ou assado? A bendita falta de amor pelas coisas simples da vida. Muitas vezes, filmes, novelas e as redes sociais idealizadas tratam a felicidade como euforia, festa, algo explosivo e intenso. Mas, na psicologia positiva, ciência que estuda o bem-estar e a felicidade, ser feliz é simples, calmo e – pasme! – algo que pode ser vivido diariamente.

Você deve estar me achando meio doida em dizer isso, né? Já que felicidade sempre foi um conceito extremo, de Carnaval, música alta, comilança, viagens de férias ou datas comemorativas. Mas não é só isso – graças a Deus, né?!

Faz assim: feche os olhos ao terminar de ler este parágrafo. E lembre-se de algo que te agrada muito, mesmo sem ser numa festa. Eu, por exemplo, amo cheiro de milho sendo cozido. Me dá uma sensação de felicidade instantânea, porque, quando eu era criança, sábado era dia de milho na casa da minha vó, junto com meus primos, o que era motivo de muita felicidade. E não é só quando penso na minha vó que sinto felicidade.

Lembro que estava saindo da rádio Vibe Mundial logo depois de ter apresentado meu programa, e já ia entrar direto no metrô. Estava chovendo, e eu, com fome. Aquela muvuca típica da Avenida Paulista, todos apressados e estressados. Mesmo sem pressa, eu acabava entrando no ritmo. Naquele dia, por causa da chuva, fiz diferente e esperei na porta do prédio até a chuva acalmar. Nisso, tive a chance de ver que, ali do lado, tinha um menino com aqueles carrinhos de milho. Lotado. Todo mundo que passava parava para comprar. Ventou. Eu senti o cheiro do milho, fechei os olhos e sorri, mesmo sem querer. Na hora que senti esse carinho invadir meu peito, fui até lá e comprei um milho também. Cheguei em casa mais feliz, menos estressada e pensando no quanto é bom poder enxergar a vida com olhos mais amáveis. E sabe o que é melhor nisso tudo? Eu fiz, vivi e senti tudo isso sozinha.

Sem ter uma amiga, um parente ou um namorado de mãos dadas. Isso, mulher de Deus, é solitude. Isso... é amor.

Eu poderia passar mais umas dez páginas te dando outros exemplos de momentos de isolamento natural, mas quero ser mais direta aqui. Nascemos sozinhos. Morreremos sozinhos. Não porque merecemos isolamento eterno. Mas por uma questão muito simples: mesmo num grupo de amigos, de colegas, de pessoas desconhecidas, somos todos únicos. E estar consigo pode representar estar bem acompanhada quando você se reconhece como indivíduo. Para conviver bem com o mundo, antes, você deveria conviver bem consigo.

Então, da mesma forma simples como um cheirinho de milho cozido me enche de amor, vamos aprender a nos amar mais todos os dias?

Dica da Vivi

Dispa seu coração de preconceitos. Não espere a seguir técnicas mirabolantes para se sentir suficiente. Não vou sugerir que você suba uma montanha para ver o quanto é forte, nem que se isole do mundo até gostar de si mesma. Assim como a felicidade não depende de euforia para acontecer, o amor não precisa de provações para ser sentido. Então, antes de achar simples e até bobo demais: pratique. O autoconhecimento só muda a vida de quem experimenta.

Tarefa 1

Rotina de autoamor

Em algum lugar deste livro, eu comentei que solitude é ser livre, lembra? Pois bem. Para transformar a solidão aqui, eu tenho algumas sugestões para te dar. Mas, antes, repita em voz alta o mantra a seguir: "Primeiro, eu. Segundo, eu. Terceiro, eu!".

Agora, sim, vamos às dicas:

- Comece sua rotina de autoamor com carinho pela sua vida. E isso envolve cuidar mais da sua casa, da sua carreira, da sua saúde física, da sua alma e também de coisas menores, como as suas roupas, o seu cabelo e até aderir mais ao seu estilo por onde for.
- Liste *hobbies* que sempre te fizeram bem e, por falta de tempo e até de paciência, você deixou de lado. Eu amo ler gibi, por exemplo, e sempre que o faço, sinto paz em estar ali, deitada na minha cama, ainda que sozinha – aliás, com a Amora e a Ameixa, minha *dogs* fofas.
- Crie *playlists* para momentos diferentes: a trilha do seu banho, a da hora de faxinar a casa, aquela música que te inspira para cozinhar, trabalhar, malhar, até para se masturbar – sim, aqui neste mundo de amor-próprio, sexo não é tabu.
- Liberte seus sentimentos. Tenha menos medo de sentir, de falar o que pensa, de tomar iniciativa com o outro. Quem se ama, e não depende do outro, compartilha momentos de forma leve, sem medo de tomar um "não".
- A solidão pode sufocar. Então, libere suas emoções. Segundo a programação neurolinguística, temos o chamado sistema representacional, a forma como nossa mente é acessada pelo mundo aqui fora. Algumas pessoas são visuais, e as imagens e detalhes comunicam melhor; outras são auditivas, por

isso escutar e falar acessam a mente de forma mais natural; há também as sinestésicas, por isso toque e sensações soam mais forte. Então, escreva sobre suas emoções – e as leia, para acessá-las visualmente. Fale mais sozinha, ou grave desabafos e se escute, para se conectar pelo ouvir; tome banhos mais mornos, use mais aromaterapia, medite, para sentir mais suas emoções.

Tudo isso, seja qual for a melhor forma para você, faz com que você seja sua melhor amiga. E, assim, estar consigo pode começar a ser mais leve e mais prazeroso, te preparando para ser uma pessoa amável, ou seja, digna de receber amor, pelo simples fato de produzir, dar e receber amor.

9.

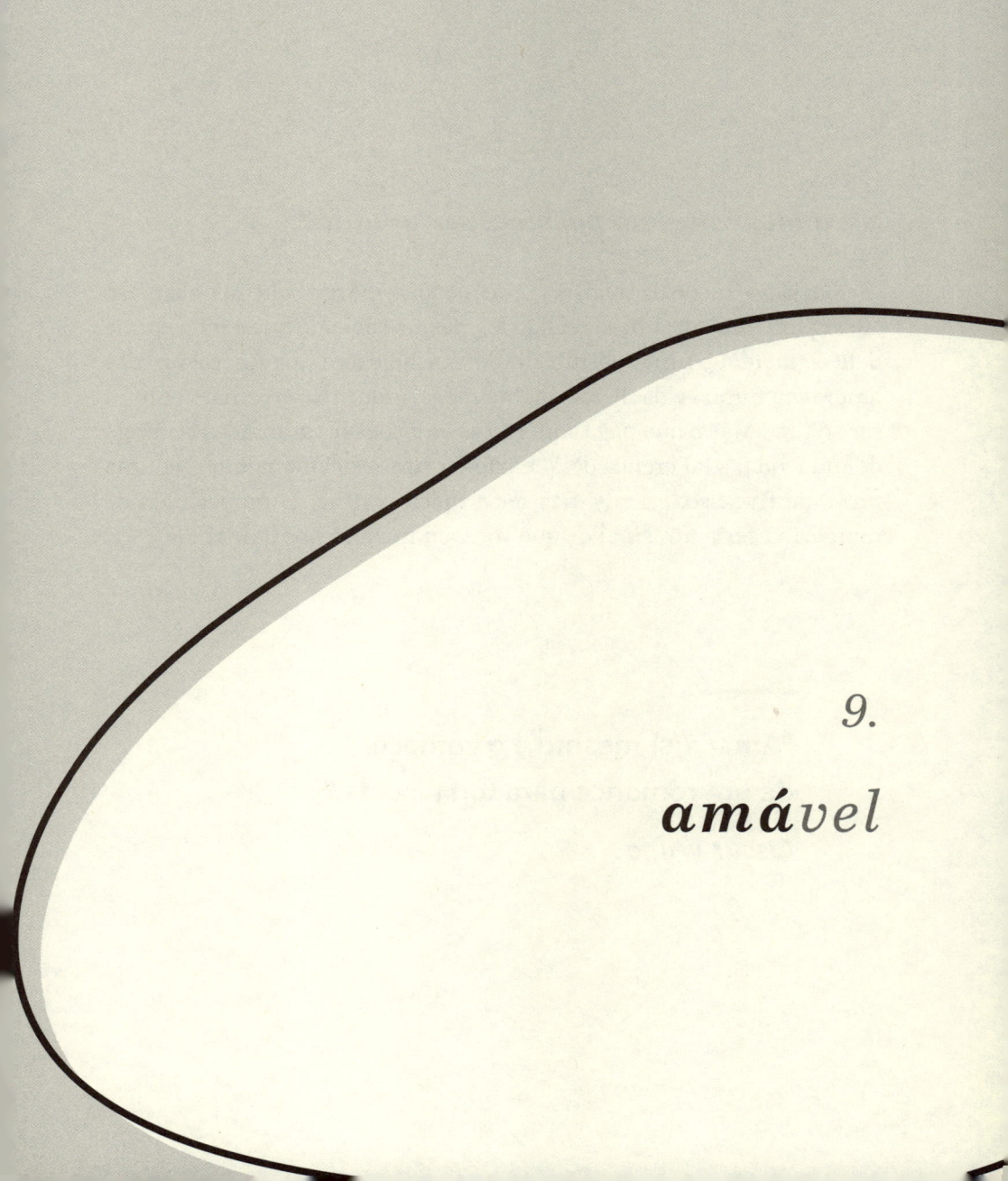

***amá**vel*

Será que é mesmo possível ser amada?

Eu já tive medo da solidão. Já tive medo de morrer solteira e o famoso "ficar para titia" virar uma realidade, mesmo sabendo que ser tia é uma delícia. Eu tenho uma sobrinha linda, que hoje tem 14 anos, e é um dos amores da minha vida. E, racionalmente falando, não teria mal nenhum ser só titia. Mas o que pega aqui são as emoções programadas ao longo de uma vida, a tal crença de que não ter um relacionamento seja uma prova de fracasso, e mais: não ter a típica família de propaganda de margarina seria um sinal de que você, ou melhor, nós, falhamos.

**"Amar a si mesmo é o começo
de um romance para toda a vida."**
Oscar Wilde

Mas eu estou aqui para te dizer: *não*. Seus relacionamentos não são termômetro para o seu sucesso. Até porque: quantos casais você conhece que se amam nas redes sociais, mas, na vida real, mal se respeitam? O verdadeiro amor tem troca do começo ao fim. E não esse papo romantizado pelas mocinhas de telenovela, que sofrem por mais de cem capítulos e são felizes só nos dois últimos. O amor-próprio te ensina a amar de um jeito bom e, se não for assim, *let's go* ser titia sim, mas uma titia gata, feliz e dona da sua vida.

Por isso, é, sim, muito importante que você se dê a chance de passar pela experiência de cada passo. Assim, agora que vamos falar sobre como o amor-próprio muda suas relações românticas, você já pode sentir a diferença nos pensamentos e sentimentos do começo do livro para cá.

Eu sei que muitas pessoas vão comprar o livro achando que vou dar dicas de como ter uma relação mais feliz. Nas redes sociais, deixo claro que eu *vivo* para te ajudar a se amar mais. Mas 95% das interações, perguntas, *lives* e queixas são sobre relacionamento amoroso. E eu estaria rica se falasse o que a maioria das pessoas quer ouvir. Mas não estaria sendo sincera com você nem com o meu processo de autoamor.

Quando digo que eu só falo de coisas que já vivi, falo a realidade. E eu não comecei a me amar só para ser amada pelo outro. Busquei o autoconhecimento pelas dúvidas e incômodos que eu tinha, e não para tentar convencer o fulano de que sou uma parceira ideal. Esse é o segredo para se perceber dentro de qualquer vida a dois, seja no romance, seja na amizade e até nas relações de trabalho; e foi assim que eu aprendi algo que preciso compartilhar contigo aqui: a lei do *dar* e *receber*.

Independência emocional existe?

Estudando sobre relacionamentos amorosos e afetivos, pude ouvir uma frase do meu já citado professor, o Marcello, que me encheu de esperança. Vivemos um baita tempo em busca da cura da dependência, e muitas vezes não evoluímos porque o resultado que buscamos é tipo "missão impossível". Se você parar para pensar em filmes clássicos e idealizados por muitas mulheres, como *Sex and the City*, vai ver que a Carrie Bradshaw, uma das personagens principais, é independente, sim: tem seu apartamento fofo, uma carreira de sucesso, um *closet* invejado por qualquer pessoa que entenda sobre moda, e amigas leais que estão sempre a postos. Quase o sonho, certo? Errado! Vamos dar um *zoom* na vida dela?

Ela vive uma relação tóxica com o Mr. Big do início ao fim da série e dos filmes. Ela é sempre o centro das atenções por onde passa – inclusive na roda das melhores amigas. Ela escreve sobre o amor idealizado, mas, quando é abandonada no altar, se percebe extremamente vulnerável a tudo, inclusive às críticas do seu público. Por isso, se esconde. Troca o número do celular, muda o cabelo, tenta "sufocar" aquela versão egocêntrica da Carrie, sabe por quê? Porque ali, na dor, na vulnerabilidade, ela percebeu que depende, sim, de alguém: seu parceiro deveria ter aparecido no casamento fenomenal que ela havia planejado; suas amigas pararam a vida para cuidar da dela no auge da dor; seu público esqueceu todo o sucesso e a criticou sem dó quando algo saiu do planejado.

E por que estou falando tudo isso? Porque *ninguém é feliz sozinho*. E antes que você me chame de doida por causa dos capítulos anteriores, te ensinando a se amar sozinha, eu vou explicar.

"Ninguém é 100% independente."

Marcello Cotrim

Nascemos e vivemos em sociedade. E esse é o natural humano. A pandemia do novo coronavírus foi a prova de como é difícil se manter isolada. Precisamos de calor humano, abraços, beijos e muita troca afetiva. Mas o autoamor te ajuda a estar bem e em equilíbrio quando isso não rolar.

Eu estava solteira quando a pandemia começou. E fiquei quase um ano dela assim. Nesse período, me afastei verdadeiramente de pessoas que eu chamava de amigos, por perceber uma diferença absurda sobre a forma como enxergamos a vida. Eu respeitei a quarentena, aproveitei o fato de ter meus pais, com mais de 65 anos, vivos, e me guardei em casa. E recebi piadas e insultos dos tais "amigos": chata, exagerada, boba, porque não topei ir para baladas e festas clandestinas, e preferi estar segura para me manter perto da família. Então, foram longos meses sozinha. Próxima à minha família, mas sozinha no sentido social, sem bate-papo por vídeo com amigos, e até mesmo com as paqueras, que sumiram quando não topei sair para dar uma transadinha casual e me arriscar, com o mundo todo se lascando com o tal vírus.

E sabe o que aconteceu? Eu fiquei ótima. Dancei, tomei sol, treinei em casa, fiz muitos bolos, tomei muito vinho sozinha e com a minha mãe, assisti a *Jane the Virgin*, uma série deliciosa e que me fez esquecer do caos no mundo, diminuindo os momentos de ansiedade (te sugiro assistir também!). Dobrei minha agenda de trabalho, criei um curso – que deu a origem a este livro, inclusive – e decidi sair da casa da minha mãe para montar o meu cantinho. Eu estava sem amigos e amores, mas tão cheia de amor pela minha vida que mantive o equilíbrio.

Eu sempre tive uma relação muito próxima com a minha mãe, por isso, com 35 anos, ainda morava com ela. Somos amigas, tenho toda a liberdade do mundo com ela, mas chegou a hora de escolher meus tapetes da sala, sabe? E não pense que foi uma decisão fácil. Eu também pensava que poderia morrer sozinha, sem um amor, um amigo. Só que, quando passei por esses meses em paz comigo, ainda que carente vez ou outra, percebi que estava pronta. E é aí que vem a melhor parte: um mês depois de pegar a chave do meu apê alugado, reencontrei uma pessoa e começamos a namorar.

Já nos conhecíamos de anos antes, ao nos cruzarmos na academia, mas nunca tivemos contato direto. Certo dia, passeando pelo Instagram, apareceu o perfil dele como sugestão para seguir, porque tínhamos alguns amigos em comum. Como a conta era privada, e eu queria dar uma fuçada, pedi para segui-lo, e ele me seguiu de volta. Meses depois de muita, muita e muita conversa, furei a quarentena para encontrar com ele. Já estava apaixonada e ele também. Voltei para casa do nosso primeiro encontro namorando.

O amor romântico veio para mim exatamente quando não tive mais medo de ser só titia da Júlia. Quando enfrentei a família que não queria que eu morasse sozinha porque "não tinha essa necessidade". Quando eu me amei mais pelo que eu sou e pelo que quero para mim, e menos pelo que o outro quer e pensa sobre mim, eu me abri para ser amada. Quando amei minha vida a ponto de dizer "não" para um *crush* gostosão, mas que não tinha nada a me oferecer, e por isso não valia o risco de pegar covid, eu me abri para quem quisesse as mesmas coisas que eu. Eu me amei. Por isso me tornei amável, entende?

Saber que você pode ter aquela sensação de que "sim, eu fico bem sozinha, mas isso não significa que eu tenha que brecar o amor de vir até mim, porque é bom compartilhar a vida com semelhantes" é o real significado de amor saudável.

Amável é quem merece afeto, amor, digno de ser amado.

É simples: eu preciso de alguém lendo este livro agora. E você, de alguém que o tenha escrito. E é isso que o amor-próprio vai fazer com as suas relações: tirar você do lugar de ser dependente, te oferecer a troca.

É o tal dar e receber que, aqui, é dar amor à sua vida, para receber amor do mundo. E não só dar amor ao outro, entende?

Vamos vibrar amor?

Nas frases de efeito das redes sociais, você já deve ter visto algo do tipo: "A vida te trata como você se trata". Apesar de meio radical, faz muito sentido. Se eu não respeito os meus limites, por que alguém os respeitaria? Se eu não sei das minhas qualidades, por que alguém saberia? Se eu não tenho carinho por mim, por que alguém teria? Então, antes de falar de namoro, casamento e almas gêmeas, vamos ajeitar alguns comportamentos simples, mas que podem te ajudar a vibrar mais amor?

"Permitir-se receber. Bênção. Graças. Permitir-se ao milagre."

Magui (Oráculo do pão)

A física quântica – e eu também – acredita que nossa mente tem poder no comando dos nossos sentimentos e, consequentemente, das nossas atitudes. Então, tudo o que pensamos, falamos, assistimos e ouvimos é responsável pelo nosso campo magnético. Para te ajudar a ilustrar o que ele seria, você pode imaginar como se uma bolha te envolvesse e ela teria a cor de acordo com a sua energia: quando você está em harmonia, ela está elevada, colorida, até brilhante. E quando você está em desequilíbrio, ela fica densa, cinzenta, pesada e fosca. Isso é a sua vibração, e, segundo a lei da atração, é por meio disso que você atrai ou repele algo na sua vida.

Citei aqui várias frases da Elainne Ourives, porque eu a conheço pessoalmente, e o curso dela sobre como a física quântica pode te ajudar a ser próspera e merecedora é ótimo. Nossa mente tem poderes incríveis, mas, sem saber disso, você vai seguir vibrando errado. Foi com ela que conheci mais sobre a vibração das emoções, numa escala criada por David Hawkins, um psiquiatra americano que mapeou como a frequência de cada emoção pode mudar de acordo com o nível de consciência de cada pessoa. E, como esse não é nosso tema aqui, quero te explicar apenas o necessário para este momento: as emoções positivas têm uma vibração mais alta; as negativas, mais baixa. Então, seu campo magnético, ou sua *vibe*, como a gente fala no dia a dia, pode mudar a forma como você se sente e como reage aos acontecimentos da sua vida. Ou seja, mesmo cheia de traumas, medos e desafeto, você pode amar mais sua vida, e atrair mais amor, pensando, sentindo e, como consequência, vivendo mais amor.

A reprogramação mental é isto, reeducar sua mente a ponto de mudar sua vida na prática. Levo para as minhas aulas a teoria que diz: eu *penso*, por isso eu *sinto*, e só assim eu mudo o que eu *faço*. Então, minha filha, se você quer mesmo mudar sua forma de ver e viver a vida, precisa começar a cuidar mais desse campo magnético, do que você pensa-sente-faz.

Tarefa 1

Plante emoções positivas

Para saber se sua *vibe* anda boa ou não, quero te propor uma tarefa simples: compre algumas plantinhas, podem ser violetas, roseiras, as que você preferir – menos suculenta, porque essa sobrevive até no deserto. Aí, sugiro que você batize cada planta com o nome de uma emoção e a trate como tal. Ou seja, a florzinha da alegria vai ouvir palavras de alegria vindas de você. Músicas alegres perto dela, e energia de alegria. O mesmo com o amor, a paz, e qualquer outra emoção que você queira treinar, e aqui é igual ao músculo: quanto mais a gente treina, mais ele fortalece, sacou?

Repare como cada planta fica. Como cada uma delas reage. A ideia é perceber que, sim, você emana a energia de acordo com as emoções que produz e, por isso, vivia atraindo relações sem amor, até aqui, quando ainda faltavam amor, autoconhecimento e consciência sobre si mesma. Então, ao cuidar das plantas e ver que seu campo magnético se enche daquilo que você sente, vive e faz, você atrai situações e pessoas semelhantes a isso. Simples, mas bem efetivo. Vamos tentar?

10.
*relaciona*mentos

Amor, amor e mais nada

A magia do amor não é só conto de fadas. Mas isso não significa que você já tenha feito e vivido tudo a ponto de desistir. Quando você pratica tudo que temos falado aqui, o mundo muda significativamente. São mais de 5 mil alunas que me mostram essa evolução, além de observar tudo isso em mim.

Quando minha *vibe* fica pesada, negativa, vulnerável, minhas relações mais próximas são as mais atingidas, assim como acontece com as minhas alunas, que até vivem bem nas relações, mas que têm altos e baixos com muita frequência. Traduzindo: a gente desconta as frustrações no outro, mesmo sem intenção nítida. E aí, com o tempo, se relacionar fica chato, vira pergunta de prova, daquelas que você vive estudando, mas nunca sabe o que responder na hora H, e continua colecionando negativas sobre o tal do amor. Mesmo este não sendo um livro sobre romance, não tem como não falar a respeito disso, já que as relações que mantemos dizem muito sobre quem somos. Por isso, agora que você se ama mais, que tal observar mais seu papel nas relações afetivas, e não só o do outro, já que aprendemos que quem se ama é responsável pela própria vida?

"Às vezes, você só precisa continuar andando um pouco mais."

Flavia Melissa

Tive uma aluna incrível, a quem vou chamar de Paula. Fazia anos que ela era casada e vivia uma relação péssima. Desrespeito, traições e até agressões físicas já tinham acontecido. Quando ela chegou na primeira sessão de mentoria, simplesmente não conseguiu falar. Estava acostumada a se calar fazia tanto tempo, que simplesmente desabou a chorar. Foi quase uma hora e meia chorando de soluçar. Eu a ouvi ali, peguei água para ela e pensei: *Meu Deus, como eu posso ajudar essa moça?*. No fim, expliquei como poderíamos trabalhar juntas, falei sobre mim, para ela ficar mais à vontade, e ela foi embora, com a promessa de continuarmos. Hoje, depois de quase dois anos juntas, Paula conversa comigo uma vez por mês, quase num tom de desabafo da rotina, e manutenção de tudo que aprendemos nesse tempo.

Sabe o que mudou de lá para cá? Ela aprendeu a se comunicar, a dizer "não", a delimitar seu espaço, e sua relação se transformou. Não, ela não tem como mudar o marido, mas ela, que não tinha voz para nada, não se defendia, só aceitava e chorava, mudou. E o marido, que a ama, precisou mudar para entender a nova versão da sua esposa. Eles vivem uma relação perfeita? Não, até porque isso não existe. Mas a Paula aprendeu a ouvir as próprias queixas, aprendeu a comunicá-las. E o parceiro precisou aprender a ouvi-la para não perder sua família. Sabe como isso se chama? Relacionamento mais saudável. E é sobre isso que eu quero falar como você. Neste capítulo, veremos o que o mantém de pé:

1. *Reciprocidade.*
2. *Individualidade.*
3. *Respeito.*
4. *Comunicação.*

Reciprocidade e individualidade

Ser recíproco é fácil, é só fazer pelo outro o que ele faz por mim, certo? Claro que não, mulher. Até porque isso daria espaço para barganha, quando a gente faz algo já esperando que o outro faça o mesmo. E nas relações não rola desse jeito prático, pelo simples fato de estarmos falando de seres humanos, únicos e que podem ter afeto mutuamente, mas cada um sente, age e demonstra do seu jeito.

"Reciprocidade não existe na intenção de um só."

Guilherme Pintto

Uma vez, uma moça mandou a seguinte pergunta numa *live*: "Vivi, meu namorado não faz nada para melhorar minha insegurança. Quero que ele durma comigo X dias por semana, e ele vem só aos fins de semana. Fico insegura por isso". Eu li, respirei e respondi de um jeito especial, já que estávamos no quadro "Vivi sem mimimi": "Mulher, sua insegurança é um problema só seu. Esperar que o outro mude para te acalmar é loucura e, aí sim, egoísmo". Perdi a seguidora. Mas centenas de pessoas ao vivo concordaram comigo.

Era uma *live* para divulgar um dos meus cursos, o "Detox das relações", que fala exatamente sobre isso, como viver relações saudáveis. Querer que o parceiro mude a rotina só para te agradar é bem tóxico, sim.

Aqui, já te conto de imediato o que faltou: reciprocidade e individualidade. Ela acreditava que a mudança do namorado seria uma prova de amor, isso porque, provavelmente, ela agiria assim se ele pedisse. Mas para ser recíproco, e não barganhar, é preciso entender a individualidade.

Como eu disse há pouco, somos únicos, e isso já mostra que cada um tem uma forma de viver. E mais: uma forma de demonstrar amor. E querer que o outro seja e faça o que você faria é tóxico, porque deixa de lado a individualidade da pessoa que está ali, ao seu lado, com características e comportamentos que, inclusive, a conquistaram lá no começo da relação.

Um exemplo quase absurdo, mas real: eu ainda trabalhava em redação. E fui visitar a casa nova de uma colega que ia se casar em breve. Eu mal conhecia o noivo dela, só de vista, então o rapaz ainda ficava meio sem graça quando estava por perto. Do nada, a noiva me pergunta, na frente do moço: "Você não acha um absurdo ele continuar jogando bola depois de casar? Já falei que, se ele continuar, eu vou pra balada toda quarta enquanto ele estiver no jogo!". Detalhe: ele era jogador profissional, machucou o joelho e ficou impedido de jogar pra valer, mas, como amava o esporte, uma vez por semana se reunia com amigos e irmãos para bater uma bola. E essa era a ideia de casamento feliz dela. Eu prontamente respondi: "Absurdo é mudar o cara só porque a aliança vai mudar de mão. Enquanto ele joga, vai ver uma amiga, sua mãe, jantar fora. Mas, comparar com balada é bem exagerado". Bom... ninguém mandou ela pedir minha opinião, certo? Como diz minha mãe, eu tenho mesmo a língua afiada nas respostas (por isso adoro o quadro "Vivi sem mimimi", o preferido do pessoal que me acompanha).

É sobre isso que eu quero falar: para ter troca, a tal reciprocidade, é preciso entender e conhecer o indivíduo que está ao seu lado. Se até gêmeos idênticos têm costumes, personalidades e formas de viver diferentes, por que numa relação o outro deveria ceder sempre a você e vice-versa?

A lei do dar e receber, que já mencionei antes, é a base de uma relação com reciprocidade e individualidade. Bert Hellinger, o psicoterapeuta que criou as constelações sistêmicas familiares, explica muito bem essa lei, que nada mais é do que entender o nosso papel nas relações, e dar espaço para que o outro tenha o papel dele também. Por isso, se você quer ser alguém que recebe amor, precisa dar amor, do seu jeito e, numa relação bacana, receber amor, do jeito do outro.

Tarefa 1

Amor mútuo e individual

Quero te ajudar a praticar a lei do dar e do receber, que é o que vai trazer reciprocidade e individualidade na sua vida. De forma simples, eu sugiro que você ame mais, demonstre mais, fale mais sobre o que sente. Se você está solteira hoje, zero problemas: pratique com seus pais, irmãos, amigos. Amor é amor, minha filha. Então, pare sua correria diária e pense:

- Quem – depois de você, claro – é a pessoa que você mais ama? Ligue para ela, sem motivos, e diga o que sente.
- Qual é o carinho que essa pessoa mais gosta? Faça! Pode ser um jantar, um banho, uma massagem, um passeio no parque.
- Observe as pessoas ao seu redor no dia a dia. Quantas qualidades elas têm? Faça um elogio sincero.
- O que você ama que façam com você ou para você, no trabalho, no amor, na família, que poderia oferecer ao outro?

Agora, faça tudo isso que vai fazer para o outro, a fim de praticar o dar, e ofereça também a si mesma. Se agrade, se elogie, se mime. Faça coisas que reforcem sua individualidade. E mais: prepare-se para receber também, pois esse é o ciclo natural. A tendência é que pessoas retribuam – do jeito delas, esse carinho e amor, e até os elogios sinceros. Aí você pensa: *Ué, mas e se não acontecer e eu não tiver recebido de volta?* E eu te respondo: repense essa relação, porque *toda* relação saudável precisa de troca para se manter. Faz sentido?

Tarefa 2

Checklist do troca-troca

Não me leve a mal por causa do nome que dei a este exercício, mas se reciprocidade e individualidade mantêm uma relação mais saudável, que tal entender em que pé andam suas relações, e dar um *check* no troca-troca?

1. Você espera amor do outro; mas você sabe dar?
2. O que você tem de bom a oferecer nessa parceria?
3. Você tem observado seu papel na relação ou gasta mais energia cobrando o que falta do outro?
4. Existe parceria entre vocês?
5. Ambos têm a mesma disposição na relação?
6. Você se sente amada como merece?
7. O outro se sente amado como merece?
8. É o tipo de relação que você imaginou para si?
9. O que você pode fazer para melhorar sua parte e, com isso, trocar mais com o outro?
10. É uma relação livre, leve, com momentos separados, ou só conseguem se sentir bem grudados e comandando a vida um do outro?

Não são perguntas com respostas prontas, nem de alternativas, porque aqui não tem certo ou errado. Tem você, de coração e mente abertas para cuidar mais e melhor da sua vida, e suas relações em todos os campos fazem parte disso. Agora, se você travou nas respostas, pode ter certeza de que a relação anda truncada. E aí, precisamos de mais dois pontos importantes para trazer essa leveza que a gente tanto sonha.

Respeito e comunicação

Aquela expressão "respeito é bom e eu gosto" nunca fez tanto sentido como nas relações mais casuais, tão comuns nos dias de hoje, enquanto outras, compromissadas e levadas a sério, parecem ser cada vez mais escassas. Diariamente recebo comentários de pessoas que afirmam que "é difícil demais se relacionar, porque ninguém quer nada com nada". Mas será que isso é verdade ou estamos comunicando nossos desejos, sentimentos e intenções de forma equivocada?

> ### *Dica da Vivi*
>
> Faça esse *checklist* com as suas principais relações, e não apenas a amorosa ou romântica. Analisar como andam nossos afetos é uma forma de evoluir, se conhecer e se cuidar mais, porque, como diz aquela frase famosa: "quem ama cuida".

E é aqui que o amor-próprio pode ser capaz de mudar a forma como você se relaciona. Quando você se ama, se respeita, sabe das suas forças, qualidades, e está empenhada em cuidar das suas fraquezas, você se torna uma pessoa muito mais interessante e interessada – olha o troca-troca aqui, gente –, por isso sabe respeitar e demonstrar suas emoções dentro de uma relação. E sabe por que isso acontece? Porque há respeito e comunicação. Afinal de contas, será que uma pessoa que não se respeita, não consegue falar o que pensa e sente, pode querer ter isso do outro?

No amor, o *óbvio* precisa ser dito e respeitado.

Respeito é a base do autoamor. Falamos sobre isso quando te sugeri praticar o "não" para tudo que te faz mal. Dentro das relações deveria ser da mesma forma, mas, por medo de perder o outro, de magoar, muitas vezes, você se anula e, ao longo do tempo, o saudável adoece, o leve intoxica, e o amor, que é até forte, não segura mais a barra, e a relação desmorona.

Justamente por ser uma forma de expressar seus limites, o respeito precisa estar de mãos dadas com a comunicação, para tornar comum tudo que for relevante. Casais, amigos, parentes que não se comunicam não evoluem.

Por causa disso, eu quero te contar algo importante, que aprendi quando me formei em Comunicação Social: não se trata apenas de falar o que pensa. Respeitar a si e ao outro depende muito de comunicar da forma certa, e levar em conta como tal mensagem vai ser recebida pelo outro.

Na vida real, a gente tem mil e um exemplos de como isso acontece. Um bem corriqueiro é quando você está num papo via WhatsApp. Aí, você diz para o seu parceiro um "oi", em vez de "oiiiie". Você escreveu a mesma coisa, porém comunicou de formas diferentes, por isso talvez a pessoa receba de maneira errada. Pode ter sido um "oi" simples, rápido, sem muita emoção, mas a pessoa pode achar que foi um "oi" seco, com raiva e até meio indiferente. E o que eu quero dizer com isso? Que é muito importante aprender a se comunicar para dizer exatamente como você pensa, sente e faz dentro da dupla que é um relacionamento – e respeitar tudo isso é, sim, amor-próprio.

Pra isso, você precisa saber que a comunicação pode ser:

- Verbal – envolve a fala e também o tom da voz.
- Não verbal – é sua fisionomia, expressão corporal, seu estilo de vida.
- Escrita – é a forma de escrever de acordo com as emoções que quer relatar.

No mundo emocional, podemos ir um pouco além e pensar na comunicação interna também, que envolve seus pensamentos, perguntas repetitivas e, claro, suas emoções. "Mas, Vivi, o que isso tem a ver com autoamor e as relações?". Tudo, mulher de Deus. Você pode se comunicar e viver de maneira equivocada, entende? As pessoas ainda acham que o outro deveria adivinhar o óbvio, mas, como citei anteriormente, o óbvio também precisa ser dito, porque nem sempre a pessoa que está na sua vida observa detalhes, entende as expressões ou lê pensamentos (esta última parte contém ironia, claro).

Tive uma aluna – vou chamá-la de Valéria – que estava numa relação sozinha: ela envolvida e levando a sério, e o rapaz levando como algo casual. Ela se vestia como uma mulher comprometida (quando estamos solteiras, há uma tendência em nos vestirmos de forma mais leve, colorida e mais chamativa, mas não tem a ver com roupas curtas ou não, e sim com estilo, ok?), não se abria para ser paquerada e, quando saía com as amigas, dizia alto e bom som que tinha namorado.

Eles trabalhavam juntos, então se viam diariamente, mas ninguém da empresa sabia da relação deles, porque o rapaz se mantinha distante, com raros contatos visuais. E aí, nessa comunicação equivocada, adivinha o que aconteceu? Ele vivia flertando e se envolvendo com outras mulheres, até que chegou aos ouvidos dela e ela... bom, nada, né? Como se cobra fidelidade e lealdade sem se afirmar um compromisso mútuo?

Faltaram conversa, combinados, acertos. Faltou comunicar a ele que ela o via como namorado e faltou comunicar a ela que ele não a via como namorada. Um erro bobo, que aconteceu pelo simples fato de eles não terem tido o que muitos evitam, a famosa DR, mas que poupa dores muito mais fervorosas no futuro. Lembro que falei para ela: "Valéria, como você vai ter uma relação amorosa de verdade, se vive com esse rapaz no 'trono' de namorado?". Na hora, a expressão dela mudou, já que, mesmo sabendo que ele não estava levando o lance deles como namoro, ela ainda não tinha comunicado ao mundo que estava oficialmente solteira. Lembro que, juntas, mudamos o status da rede social dela, a foto de perfil e ela conseguiu deixar de seguir "o tal" nas redes sociais. Ou seja: comunicou ao mundo que estava livre. Que orgulho!

É o que eu quero sentir de você. Orgulho por respeitar o que você sente, pensa e faz – e, assim, comunicar tudo sem medo do julgamento alheio.

Tarefa 3

O que você comunica para o mundo?

Como já vimos até aqui, se amar é experienciar tudo que você é, o que envolve seus pensamentos mais íntimos, valores, crenças e, é claro, desejos e opiniões. Mas nem sempre respeitamos isso que costumo chamar de "nossa verdade". E é aí que damos brecha para cair nas famosas relações tóxicas, com medo de ser, falar, gritar ao mundo quem somos. Quero te ajudar a acabar com isso *já*!

Observe seu quarto hoje. Cores, móveis, decoração, organização. Qual a impressão que ele te passa? Tem a ver com sua personalidade e estado de espírito?

Corre lá no seu *app* de música preferido e dê um *check* nas suas *playlists*. O que essas músicas têm a dizer sobre você?

Agora abra seu guarda-roupa e repare nas cores mais comuns, nos tecidos que mais aparecem e nas combinações de que você mais gosta e usa. Retratam a sua verdade? O que essas roupas comunicam ao mundo sobre trabalho, relacionamentos, rotina diária?

Para finalizar, bora ver o mundo virtual? Suas fotos, sua bio, os filtros que usa, as interações que faz e até as pessoas que segue: isso te representa de verdade?

> ### *Dica da Vivi*
>
> Mesmo que hoje você esteja solteira, entenda que respeitar e comunicar são as melhores formas de praticar a autenticidade, e ser você de verdade pode abrir portas para um amor romântico muito mais saudável!

11.

auto*imagem*

Seu reflexo como melhor amigo

Ser autêntica é a mais perfeita forma de praticar o autoconhecimento e, como resultado, se amar mais. Em tempos de banalização de filtros, cirurgias plásticas, procedimentos estéticos e até perfis *fake*, parece que ficou mais fácil viver com autoestima. Mas, fora disso tudo, será que você gosta do que vê?

___

A forma como você se vê pode transformar o mundo em que vive.

Quando se fala de autoimagem, geralmente se pensa no corpo físico. Contudo, em todos os meus cursos eu valido tudo que diz respeito a nós, porque não somos só o corpo. Eu posso estar falando agora com uma mulher de 20 anos, no auge da saúde física e produção de colágeno, e também com uma mulher de 85 anos, igualmente linda, e ambas podem – e devem – se ver com carinho, amor e afeição. E como será que isso acontece, se não é só a "carcaça" que conta aqui?

Simples: aprendendo a amar tudo que envolve você. Há alguns anos, criei um curso que ministro até hoje, o "De bem com o espelho", que inicialmente era uma turma de *coaching* em grupo para quem precisa aprender a se aceitar para cuidar melhor do corpo e buscar o peso ideal. Mas, logo que comecei a planejar o curso, comecei a ouvir as dores das mulheres que me procuravam, e aí foi quando percebi que, assim como foi comigo, a autoestima delas não dependia do número da balança, mas sim do amor que tinham pela vida como um todo. Daí, somei exercícios e dinâmicas que falassem de autoconhecimento em geral, não só para quem precisava emagrecer. E que bom! Porque, logo na primeira turma, recebi uma ligação de uma ouvinte do meu programa de rádio que queria fazer o curso, mas não tinha problemas com o próprio peso. Perguntou se seria indicado para ela também. Eu expliquei a proposta, ela adorou, se inscreveu e veio.

Eram três sábados seguidos de imersão. Aluguei uma sala de reuniões toda de vidro num *coworking* moderno na Avenida Paulista, em São Paulo. Custou os olhos da cara, mas tinha pufes em vez de cadeiras, parede de tijolinhos e um clima bem aconchegante para minhas novas alunas. Era uma turma de sete mulheres. Seis já estavam lá quando uma moça linda saiu do elevador. Alta, corpo superpadrão, um lindo cabelo loiro, e o toc-toc dos seus sapatos de salto ecoando pelo corredor. Como a minha sala era de vidro, ela logo me viu e se aproximou. Perguntou para uma das outras mulheres: "É aqui o curso de autoestima da Vivi?". A moça acenou que sim com a cabeça e logo emendou uma frase: "Não que você tenha problemas com autoestima, né, bonita?". Ela sorriu e se aproximou sem graça.

Vou chamá-la de Carol. Nas mais de doze horas de curso, Carol, que realmente parecia uma Barbie, foi a que trouxe queixas mais profundas. E ali, na minha frente, fez as pazes com o seu espelho, que não era estético, mas interno. Problemas com a imagem em razão de a mãe impor um estilo de vida; medo de ser natural, sem *mega hair* e cílios postiços em pleno sábado de manhã; vontade de morar sozinha e mudar de carreira; e um ficante com quem ela estava mais do que envolvida, mas cuja relação não evoluía, mesmo depois de três meses saindo juntos. Era grande a autossabotagem.

Ela percebeu que cresceu com a necessidade de ser perfeita. De malhar, de estar sempre impecável, mas, quando pôde se olhar para além do espelho e se reconectar com sua essência, entendeu que não era assim. No terceiro e último dia de aula, Carol chegou de tênis, rabo de cavalo e sem os cílios postiços. Disse que havia dormido com o *crush*, e ele a elogiou quando a viu natural, solta, vestida de si mesma. Ela contou que alugou seu primeiro apartamento naquela semana; que o rolo virou namoro e que amava sua mãe, mas que havia decidido ser quem *ela* quisesse, e não mais o que a mãe queria que ela fosse toda vez que falava um "você vai sair vestida assim?" para a filha.

Eu acompanho a Carol nas redes sociais. Ela namora o rapaz até hoje. Mudou de carreira. Não usa mais *mega hair* e, se usasse, seria por vontade própria, e não por estar na moda. E eu consigo ver sua doçura em cada *post* que ela faz. E sabe o que eu sinto? Felicidade. Minha coragem de encarar o que eu era, além das opiniões do outro, me deu meios para ajudar a Carol, a Maria, a Cláudia e tantas outras mulheres. E eu espero estar ajudando você, porque, se não estiver, mulher de Deus... eu te cato pelos cabelos. Brincadeira, mas essa pressão funciona com as alunas dos cursos, e é capaz que funcione contigo também, porque este momento aqui é bem desafiador.

Impostora, eu?

Eu comentei que este momento é um desafio, porque nem sempre olhar para si traz só coisas boas. Você percebe fraquezas também. E faz parte. Afinal, não dá para querer falar de ser perfeita num livro que ensina sobre amor-próprio, não é?

A distorção com a autoimagem, ou seja, com a representação que você faz de si mesma, pode gerar problemas bem chatos, inclusive transtornos emocionais e físicos. Quando você distorce sua realidade, corre o risco

Ninguém aguenta segurar as máscaras por muito tempo.

de enxergar um mundo lindo, mesmo quando essa beleza não é verdade, e aí, quando a vida real chegar, vai ser péssimo, uma frustração só.

Quando estudamos as técnicas de *coaching* de vida e programação neurolinguística, observamos o quanto a autossabotagem pode causar comportamentos nocivos. Um deles é conhecido como síndrome do impostor, o que, segundo artigo da Faculdade de Medicina da UFMG,[1] não é considerado um transtorno psicológico pela Organização Mundial da Saúde (OMS), mas pode causar a sensação de pessimismo constante e falta de autoconfiança. Por isso, muitas pessoas fingem ser o que não são e dizem a si mesmas: "Eu sou uma verdadeira fraude". Já se sentiu assim? Eu já, muitas vezes.

Lembro de uma delas, quando eu estava solteira e as pessoas me perguntavam fervorosamente nas *lives* sobre como conquistar um namorado. Eu pulava esse tipo de pergunta, porque, se eu não tinha conquistado um para mim, como ia bancar a guru na internet para arrumar namorado para outras pessoas? Eu sou uma mulher e uma profissional verdadeira, e se, para vender mais, eu tivesse lançado um curso sobre conquista, me sentiria uma fraude, com certeza. Como eu me conheço – já me traí antes –, sei que trair minha verdade é distorcer quem sou.

Na época, cheguei a ser criticada por um parceiro de trabalho que vinha cheio de estratégias de marketing com *posts* do tipo "faça isso e

---

[1] BUENO, Alexandre. 'Será que sou uma fraude?' Conheça a síndrome do impostor. *Faculdade de Medicina UFMG*, 28 ago. 2019. Disponível em: https://www.medicina.ufmg.br/sera-que-sou-uma-fraude-conheca-a-sindrome-do-impostor/. Acesso em: 12 abr. 2022.

conquiste o cara dos sonhos". E eu não fiz. Não faria. Nas vezes que falei a respeito de conquista, sempre foi sobre usar a autenticidade para conquistar e ser conquistada. Nunca com joguinhos e ilusão, porque quem se ilude hoje se decepciona amanhã. É por isso que viver como um impostor machuca tanto. Com o passar do tempo, a gente acaba se acostumando com o "personagem", e não dá mais para ser autêntica.

Para você ter ideia de como ser impostor dói, certa vez, uma empresa quis me contratar para encerrar um evento com grandes palestrantes. O tema central era relacionamentos, e eles queriam que eu falasse sobre carência afetiva. O contato deles foi em janeiro, e o evento seria em junho. De imediato aceitei. Mas, quando parei para pensar, me senti péssima e até mentirosa por aceitar dar uma aula sobre algo que eu mesma ainda não tinha tratado em mim. Tive insônia. Fiquei ansiosa. Conversei com um colega palestrante e ele me deu uma dica "ótima" (leia com ironia): "Vivi, palestrar é um negócio. Não dá para ser bom em tudo que se ensina", disse um dos *coaches* que queimam o filme da profissão de treinadores, porque, né... que discurso é esse?

Estava decidida a ligar e cancelar o convite, e aí lembrei por que tinha escolhido o nome Vivipraisso – porque eu só falo daquilo que eu já vivi, aprendi e posso compartilhar. Ótimo. Eu tinha pouco mais de cinco meses para estudar minhas emoções e comportamentos, e criar uma estratégia para tratar a carência afetiva, que estava superalta na minha vida naquele momento. Se eu conseguisse, minha experiência seria a palestra. Eu encerrei o evento, apliquei nos alunos os mesmos exercícios que eu tinha praticado e, com mais de 300 pessoas de pé me aplaudindo, algumas emocionadas, outras muito alegres, terminei minha palestra de uma hora e meia depois de um exercício de resgate de autoamor, que cura a tal da carência. Olhando para aquelas pessoas, senti que eu vivi aquilo tudo e, por isso, sabia ensinar. Tudo isso, minha filha, para te dizer que, enquanto você não for e viver sua verdade, a síndrome do impostor vai te assombrar e o autoamor espantar. (Ops! Rimou de novo, acho que meu próximo livro vai ser de rimas.)

Tarefa 1

Verdade ou desafio

Lembra desse jogo? Se você for da minha época – me senti uma tia, agora –, vai lembrar. Se não for, eu explico. A seguir, vou te fazer algumas perguntas, e sugiro que você responda *verdade* para o que realmente é natural para você ou *desafio* para o que é difícil demais de fazer, combinado?

1. Gosta de mudar seu visual com muita frequência?
a) Verdade: eu gosto de mudar porque me divirto com isso, sem pressão e sem modismos. Só porque gosto de inovar meu estilo.
b) Desafio: só mudo porque preciso me sentir parte do padrão, então, se peitão está na moda, coloco silicone. Se sair de moda, tiro o silicone. Loira platinada está no auge, eu platino. Loira no tom mel voltou, eu volto também.

2. Consegue dar sua opinião em uma conversa polêmica sobre política, religião ou algo do tipo?
a) Verdade: eu não quero mudar o pensamento dos outros, mas defendo o que acredito, de forma educada, mesmo que não concordem comigo.
b) Desafio: prefiro não me envolver em assuntos assim para não entrar em conflito com pessoas do meu convívio.

3. Expressa suas emoções mesmo quando não está num dia bom?
a) Verdade: respeito meus momentos de vulnerabilidade e não finjo estar sentindo o que não estou só para agradar os outros.
b) Desafio: nem sempre expresso o que sinto, pois não quero preocupar ou envolver outras pessoas; por isso, quando não estou bem, finjo estar.

4. Consegue definir seu estilo de se vestir e viver numa boa?
a) Verdade: uso só as roupas, cores e estilos que acho que combinam comigo.
b) Desafio: antes de comprar qualquer coisa, verifico o que está na moda e, mesmo não sendo 100% do meu gosto, uso porque todo mundo usa.

5. Quando alguém te elogia, você recebe com naturalidade?
a) Verdade: agradeço, sorrio e ainda mando um elogio sincero de volta.
b) Desafio: eu não me sinto à vontade, não entendo o porquê de ser elogiada, então não sei reagir a isso.

6. Numa noite qualquer, seu parceiro ou sua parceira quer propor uns carinhos pré-sexo, e você não está a fim. Consegue dizer "não"?
a) Verdade: claro, só faz sentido se eu também quiser.
b) Desafio: não dá para dizer "não" sempre, então, até rola quando não quero, para agradar o outro.

Minha filha, se teve mais de uma situação desafiadora, se prepara, porque você anda se deixando de lado para ser alguém que não é. Assim é impossível se amar. O amor nasce na aceitação. Quero te ajudar a fazer isto agora: aceitar a si mesma do jeitinho que você é, para nunca mais precisar se colocar dentro desse mundo de impostora para agradar fulano ou sicrano e fazer parte de um padrão. Topa escancarar a sua verdade? Se você respondeu que sim, leia a dica a seguir e vire a página.

Dica da Vivi

Se você respondeu que não, porque ainda não se sente pronta para se olhar e ver quem você é de verdade, vire várias páginas até encontrar o próximo QR Code. Nele, você vai encontrar um carinho que eu deixei gravado para você. Depois de ouvir, inicie o Capítulo 12.

12.
*espelhe-**se***

Meu mundo. Meu tudo.

Ah, chegou a hora de encarar o vilão de muitas pessoas que sofrem de baixa autoestima: o espelho. Só que aqui não se trata só de ver celulite, culote ou flacidez, mas também de trabalhar uma reconexão profunda com tudo sobre si mesma – inclusive esses detalhes que acabei de citar.

Quem tem a si mesma com amor tem tudo.

Eu participei de um grupo de emagrecimento há alguns anos como cliente, e não como professora. Em uma das reuniões em grupo com a psicóloga, que era minha mãe, uma das alunas disse: "Eu não me olho no espelho. Quero emagrecer antes. Prefiro morrer a continuar gorda". Mulher, você não tem ideia de como aquilo mexeu comigo. Era uma senhora que já tinha tido até problema no coração por causa da obesidade, mas que estava mais preocupada com o padrão estético do que com a saúde. Língua afiada que sou, como boa geminiana, pensei na hora em que ela disse aquilo: *Ué, se não se olhar no espelho e não se cuidar, vai acabar morrendo de qualquer jeito*. Fiquei brava com a forma agressiva como ela se referiu a si mesma. Mas, depois que tratei a minha reconexão comigo, comecei a entender por que é tão comum se odiar quando a gente não está no padrão.

A gente vive exposta desde cedo. Lembro de ouvir minha mãe e minha avó me corrigindo: "Vivian, senta de perna fechada porque você é mocinha"; "Vivian, vem pentear o cabeeeloo, você tá parecendo um moleque desse jeito". Até aí, ok, porque eu realmente detestava pentear o cabelo. Mas, além disso, lembro das falas gordofóbicas que me assombraram por tantos anos. Minha mãe me conta que uma tia minha, que vivia me comparando com as primas magras, falou para ela no meio de um aniversário da família: "Tadinha da Vivi. Vai passar a vida toda fazendo 'regiminho' pra arrumar namorado, né?". Juro. Não sei como minha mãe suportava. Ela sofria em me ver sofrendo. E, claro, eu comia por ódio de mim. Não por vontade ou fome. Por ódio.

"Não adianta querermos usar um tênis 36
se o tamanho do nosso pé é 39.
Isso será extremamente doloroso."

Evelyn Tribole

E foi assim que eu cresci com medo do espelho. Só que, ao me tornar mulher e ter opiniões sobre pessoas como minha tia, que julgam, rotulam sem nem ao menos olhar para o próprio corpo antes, percebi que não poderia mais deixar eu me tratar assim. E aí veio o emagrecimento do qual já te contei. Mas sabe o que eu ainda não te contei? Que, se você tem um corpo gordo e não gosta dele, há opções para mudar. Mas nem sempre essa possibilidade existe. Muitas das tais "imperfeições" que a gente encara no espelho não podem ser mudadas, e aí, como faz para se aceitar?

Aceitação ou conformidade?

Em 2015, eu já era a Vivipraisso da autoestima inabalável, e precisei fazer uma cirurgia para trocar as próteses de silicone que tinha colocado aos 20 anos – mais uma intervenção causada pela busca da perfeição. Tive uma contratura capsular que, segundo o cirurgião plástico, poderia acontecer com o tempo. O corpo pode começar a rejeitar a prótese por tê-la como um corpo estranho e refazer cápsulas ao redor dela para não rejeitá-la. Nisso, a mama direita ficou extremamente dura, inflamada e muito maior que a esquerda. Tratei por alguns anos até que não teve outro jeito, tive que trocar o implante.

Eu tinha 30 anos, fazia um mês que tinha terminado meu rolo mais sério no período de solteira, criei o Vivipraisso e estava cheia de amor para dar. O médico disse que, além de trocar a prótese, seria feita uma reconstrução mamária para deixar as duas mamas simétricas novamente. Eu nem parei para pensar. Só queria fazer logo. Ele comentou que a cicatriz era o famoso T invertido, mas meu foco era minha saúde. Fiz a cirurgia, deu tudo certo. Quando fui ao consultório dias depois trocar o curativo, entrei em pânico: meus seios estavam com uma cicatriz enorme, grossa, horrível.

Foram dois anos cuidando da cicatriz, que realmente ficou feia. Pomada, gel, tratamento. Enfim, senti o amor que construí pelo meu corpo ser massacrado. Mesmo entendendo que eu não poderia fazer mais nada, ainda me doía ver meus seios. Fiquei um ano sem transar por causa disso. Quando tentei com um ex, com quem eu já tinha transado N vezes, só para tirar a cisma (conselho da minha mãe), adivinha o que aconteceu? O homem brochou. Claro, achei que era por causa da minha cicatriz. Acabou comigo. Claro que não foi. Estávamos num breu só. Não o deixei acender uma luzinha sequer. Cheguei em casa chorando, e minha mãe me acolheu – como sempre –, sugerindo que eu procurasse outra médica para ver o que fazer. Fiz isso. Ela refez só a parte de baixo do corte, que era a parte mais torta e grosseira, porque o resto já nem dava mais para ver. Eu é que não aceitava mesmo aquilo, entende? Refiz, tratei e, numa das últimas consultas, a médica disse: "Vivian, vai viver. Sua mama é linda, saudável. Esquece isso". Aos poucos, fui me conformando. Mas, na hora de ficar nua, eu travava.

▬

Aceitar a si mesma não é se conformar. Quem se aceita se ama, por isso se cuida, e transforma o que não faz bem.

Até que aconteceram dois fatos que me fizeram sair de conformada para alguém que se aceita de verdade. O primeiro, quando eu estava andando no *shopping* e no meio do corredor tinha uma exposição de fotos de mulheres que sobreviveram ao câncer de mama, todas nuas. Todas vivas, sorridentes, fortes. Senti uma admiração tão grande por elas! Meu medo diminuiu na hora. O segundo, quando conheci o Instagram de um fotógrafo de nu feminino (@omaiquel), e, passeando pelas fotos lindas dele, vi uma mulher com uma cicatriz exatamente como a minha. Olhei para ela e achei tudo lindo, inclusive o fato de a cicatriz fazer parte da história dela. E aí, meu amor, a virada veio, *eu me aceitei*. Desde esse dia, não passo mais nada na minha cicatriz. Não fiz mais laser. Não tentei tatuar. Só aceitei. A prova disso foi quando fui encontrar um *crush* com quem eu sempre ficava. Nunca tínhamos transado. Naquele dia, com a janela do quarto escancarada e o sol brilhando, voltei a fazer sexo de luz acesa, sem medo. Eu, meu corpo e minha cicatriz.

E sabe o que eu acabei de perceber? Só pude te ensinar agora que se aceitar *não é se conformar* por causa dela, a tal cicatriz.

Tarefa 1

Olhar sincero

Eu percebi em mim e em muitas outras alunas que esse lance de se aceitar ou se conformar tem a ver demais com o convívio social. Quando a gente não se sente parte de uma tribo, automaticamente tende a se sentir inferior, excluído, e a síndrome do impostor vem. Mas, com o passar dos anos vivendo assim, você meio que se acostuma com essa dor, de viver para o mundo algo irreal e se trancar chorando na frente do espelho quando está sozinha no quarto. Na sua mente, porém, não é bem assim que funciona. Li uma entrevista do psiquiatra Táki Cordás,[2] um dos autores do livro *Transtorno dismórfico corporal: a mente que mente*, que explica o quanto uma pessoa pode se sentir feia mesmo sem ser. E essa preocupação com o espelho pode ser comum, quando você quer se cuidar e evoluir, ou exagerada, quando perde a naturalidade por achar que todos olham para você por algum motivo estético.

---

2 BERNARDO, André. Síndrome da feiura imaginária: conheça a dismorfia corporal. *Veja Saúde*, 8 nov. 2019. Disponível em: https://saude.abril.com.br/mente-saudavel/sindrome-da-feiura-imaginaria-conheca-a-dismorfia-corporal/. Acesso em: 12 abr. 2022.

Estava numa *live* certa vez, e uma moça disse que não gostava de sair na rua, porque sabia que todos a olhavam torto por ela ser gorda. Eu respondi com uma pergunta: "Fulana, pode me dar três evidências e fatos que provam que todos olham e reparam algo ruim em você?". Ela não soube responder. O livro mostra que tal transtorno aflora com traumas, mas que podemos perceber comportamentos nocivos com a própria imagem antes mesmo de eles se tornarem uma patologia. Por isso, vamos analisar quais comportamentos podem estar detonando sua verdadeira imagem?

1. Você sai de casa em algum momento sem maquiagem?
a) Certo: gosto de me maquiar, mas não me sinto escrava disso.
b) Errado: nem lembro da última vez que saí sem camuflar os defeitos.

2. Você usa o cabelo natural numa boa?
a) Certo: não faço química que mude a estrutura dele. Se quero liso, escovo; se quero enrolado, enrolo. Sem alisamentos ou permanentes.
b) Errado: meu cabelo natural não tem nada a ver comigo.

3. Para você, ficar nua na frente de outras pessoas, como provando uma roupa com as amigas, é normal?
a) Certo: supernormal. Amigas juntas sempre ficam peladas até acharem a roupa ideal.
b) Errado: Deus me livre! Nem eu me vejo pelada direito.

4. Quando está apaixonada, consegue se manter autêntica?
a) Certo: quero conquistar, mas também ser conquistada como eu sou de verdade.
a) Errado: faço de tudo e mais um pouco para impressionar, mesmo que não seja meu jeito real.

Agora você já tem uma noção se seu espelho tem sido amigo ou inimigo. Por isso, quero te fazer um convite especial, para mudar todos os errados que você escolheu acima: que tal um olhar sincero sobre si mesma? Hora do QR Code, mulher!

Dica da Vivi

Mulher do céu, este exercício é tão lindo. Quando faço, eu mesma me transformo mais. Então, faça aberta, sincera, amando o processo. Ouça todos os dias pela manhã durante sete dias. Depois, vá lá no meu Instagram me contar o que mudou na sua vida.

Aponte a câmera do seu celular ou utilize a URL https://youtu.be/9bp7H6aXdto para acessar.

13.
*pratica*ndo

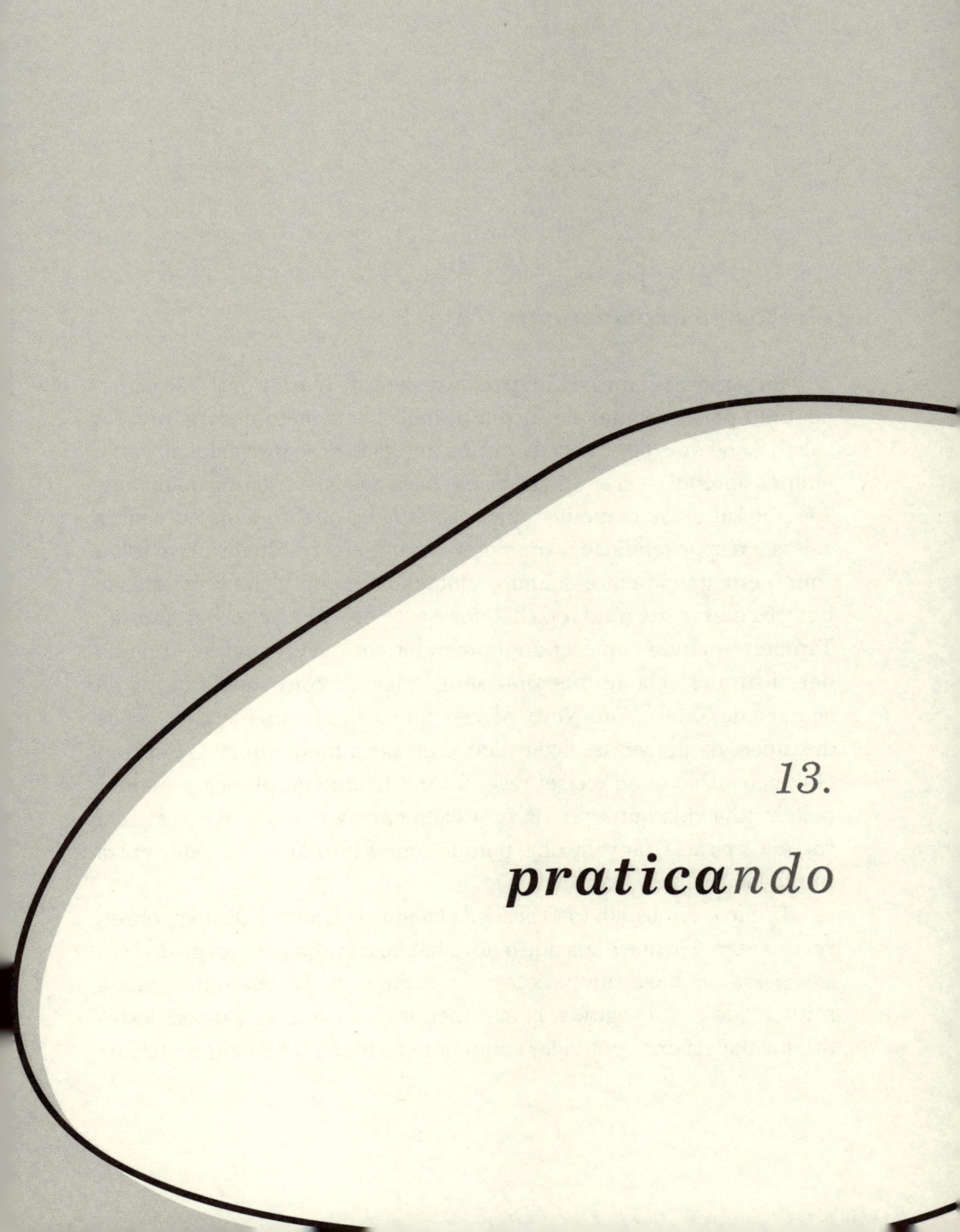

Gostoso é experienciar o amor

Eu sempre fui meio ruim para esse papo de *coach* – ops! – de planejar tudo para executar de forma perfeita. Sou meio desorganizada, sabe?! Acho que, por causa da minha antiga função profissional, como editora, aprendi a ser multitarefa, e achava que isso era uma qualidade. Até que saí desse ritmo e vi que, na verdade, quanto mais eu pegava coisas e responsabilidades, menores eram meus resultados. Isso rolou com o emagrecimento, quando coloquei esse ponto como prioridade por três meses, até mudar os hábitos e esse processo se tornar natural. Também quando comecei a empreender com o Vivipraisso, quando deixei minha vida alguns anos sem férias, só com aquela pausa da semana de Natal e Ano-Novo, percebi que quem se ama tem tempo de descanso, de prazer, de fazer nada e deixar a mente neutra. Foi com essa percepção que precisei rever a forma como eu praticava o amor pela minha vida outra vez. E, provavelmente, vou recalcular essa rota várias vezes até ficar velhinha, porque somos humanos, e a gente entra muito fácil no automático.

Lendo o famoso livro *O poder do hábito*, de Charles Duhigg, observei um exercício que dizia que o novo hábito começa a ser formado com três passos: a deixa, a repetição e a recompensa. Trazendo isso para a minha vida e, em seguida, para o meu método com as alunas, descobri que poderíamos entender como transformar a teoria em prática na hora de aprender a nos amar mais, e não só para coisas quantitativas, tipo perder X quilos ou fazer X reais por mês. O amor é algo como o ar: não o vemos, não sabemos a cor dele, não podemos tateá-lo, mas precisamos dele para viver. Por isso, ter o hábito de se amar também precisa ser possível.

Sendo assim, aqui, a deixa é o nosso propósito, que nada mais é do que a intenção, o intuito de alcançar o que se deseja, não só por necessidade, mas também com amor. A repetição, que nos meus cursos eu chamo de cinco saúdes – um termo muito usado pela psicologia positiva –, é a necessidade de programar sua rotina como um todo. Não dá para focar nos exercícios diários se você não programar seu sono, as horas de trabalho, o tempo de qualidade com a família e o momento de lazer. Por fim, achei importante sinalizar para minhas alunas um tipo de recompensa específica – afinal, já atendi mulheres que buscavam ajuda para cuidar de uma compulsão alimentar ou por compras e, num exercício de praticar novos hábitos, essa recompensa poderia ser comida, bebida ou compras exageradas. Por isso, nossa recompensa sempre vem em forma de flores. Romântico, né?

"**Você não pode eliminar um hábito ruim, mas pode mudá-lo.**"
Charles Duhigg

Eu vejo flores em você

Ao estudar mais sobre a psicologia positiva, descobri o psicólogo Martin Seligman, que desenvolveu a teoria do florescimento para viver a felicidade autêntica. Ela tem muito a ver com o que eu acredito e ensino nos meus cursos: a felicidade autêntica distribuída em "pétalas", que, juntas, ajudam no despertar da realização e do bem-estar. Segundo tal teoria, florescer depende de cinco fatores:

- Emoções positivas.
- Engajamento.
- Relacionamentos positivos.
- Propósito.
- Realização.

Na prática, viver cada "pétala" se resume a ter uma *vida prazerosa*, com muito mais emoções positivas do que negativas; uma *vida significativa*, quando se tem motivos reais para se levantar da cama todos os dias, e não apenas existir e cumprir protocolos; e uma *vida engajada*, que é unir o que você sabe com o que ama e realizá-lo.

Em geral, no amor-próprio, entendo que tem a ver com a forma como você se vê interna e externamente, para produzir felicidade em ser você. Alimentando suas "raízes" com tais emoções positivas, o florescer se torna mais acessível para todos. Seligman entende que, assim como uma planta, que passa por vários processos até chegar ao florescimento natural, nós também temos fases no processo de evolução emocional. Antes que o mundo te faça desistir, você precisa se conectar com a sua verdadeira essência para trazer à tona cada florzinha do seu jardim.

Eu concordo com ele. Tive fases em que não havia prazer na minha vida, quando o trabalho, as obrigações e os papéis que eu "deveria" cumprir tomavam tanto meu tempo que eu vivia no automático. E não é só comigo. Já contei antes a história da Cláudia, uma mulher incrível que me procurou para ajudar com uma estratégia de emagrecimento. Com o tempo, a Cláudia percebeu que nada a faria emagrecer enquanto ela não diminuísse o peso de levar a vida cheia de trabalho, estresse, problemas. O prazer, o sentido e o engajamento que ela conquistou ao se dar a chance de se conhecer fizeram dela uma flor muito mais cheia de amor. Quando você se ama, valoriza cada dia de vida; por isso, ela investiu na sua empresa, na saúde, na alimentação e nos momentos únicos com a família. A Cláudia floresceu ali, diante dos meus olhos. Mas foi porque ela entendeu que falar, desejar e reclamar não mudariam em nada a realidade em que vivia. Ela começou a agir, e aí o processo deslanchou.

"Pra não perder a magia de acreditar
na felicidade real
E entender que ela mora no caminho
e não no final."

Kell Smith

Tarefa 1

Intenção x ação

Transformar amor em vida real não é tão difícil quanto se pensa. A maior parte das pessoas nem começa, porque já tem em mente que precisa de sacrifício para isso, mas não precisa, não. Abre seu peito, e vem fazer este exercício cheia de vontade de mudar de verdade.

1. Quais são seus principais projetos para os próximos três, seis e doze meses? (Respira fundo e coloca pelo menos dois de cada área da sua vida, tá?)
2. Do que você ainda não gosta no seu corpo, e que poderia cuidar, melhorar ou mudar?
3. Na sua rotina diária, quanto tempo você dedica a si mesma, além de trabalho, casa e filhos? (Se não tiver filhos, a outras pessoas.)
4. Você acha, sinceramente, que tem feito tudo o que pode para viver uma vida bacana?
5. Do que e de quem dependem as mudanças que você deseja para sua vida?

Agora que você citou suas *intenções*, sugiro que pegue aquele *planner* coloridinho lááá do começo do livro e coloque em *ações* tudo o que vai fazer a partir de agora para tornar isso real.

Dica da Vivi

Coloque datas e metas reais para seus novos hábitos. Ter começo, meio e fim ajuda a viver de forma mais equilibrada e a ter menos tempo para o autoboicote. Depois que escrever no seu *planner* tudo que vai fazer, aumente pelo menos cinco vezes a lista de novas ações. Afinal, parte delas você corre o risco de não cumprir, então coloca mais *você* na sua vida, para que o amor-próprio esteja no seu dia a dia desde a hora de acordar até a hora de dormir, combinado?

14.

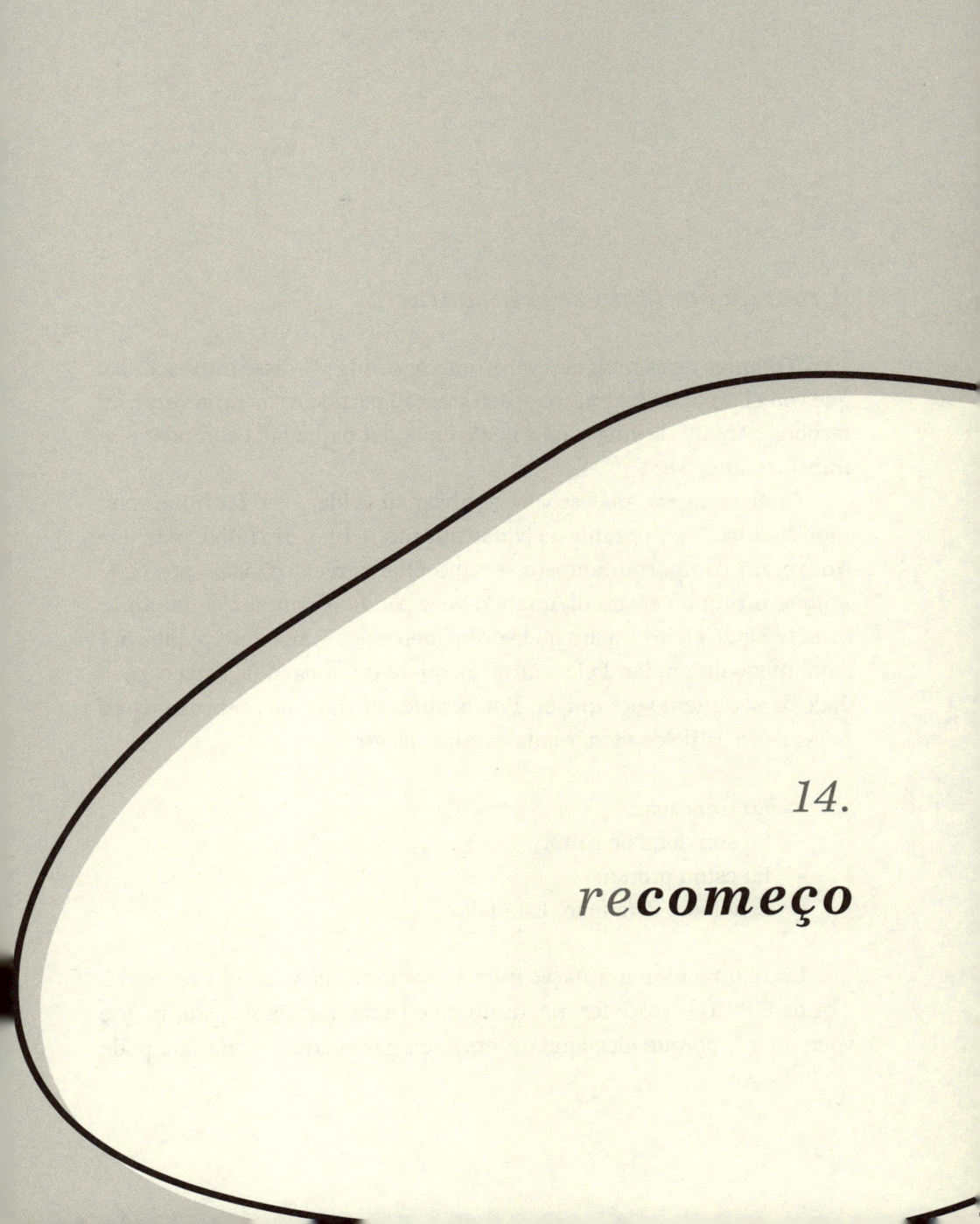

re**começo**

A incrível arte de se reinventar

"Quantas vezes mais isso vai acontecer comigo?", disse minha aluna, que vou chamar de Laura, sobre seu coração partido mais uma vez. E eu respondi: "Mais algumas, até a gente entender o que falta aprender e se transformar de vez".

Parece exagero, mas se você analisar sua vida, e eu a minha, veremos N situações diferentes, vividas em momentos distintos, mas que trouxeram comportamentos e sentimentos parecidos. Sabe por quê? Porque o mundo só muda quando você muda. E, apesar de eu amar uma frase de efeito – acho que você já percebeu –, não quero que você sinta medo de mudar. Pelo contrário, quero que veja toda a sua capacidade de ser quem você quiser. Então, antes de darmos mais um passo nesse novo estilo de vida, repita comigo, *please*:

- Eu sou capaz.
- Eu sou dona de mim.
- Eu estou pronta.
- Está feito. Está feito. Está feito.

Isso é uma reprogramação mental, como as que você fez nos exercícios do QR Code (você fez, né, mulher de Deus? Se não fez, sugiro que volte e faça, porque eles ajudam em cada passo aqui). Cada fala pode gerar comandos novos na sua mente e, consequentemente, novos sentimentos e atitudes. Lembre-se do que falei antes: mudar é *pensar, sentir, agir* de forma nova.

Laura estava no terceiro ou quarto *crush* depois de ter saído de uma longa relação abusiva. Levamos meses para que ela se desligasse do ex e de tudo o que viveu, e aprendesse a pensar, sentir e agir com mais amor-próprio. Funcionou. Ela evoluiu na carreira, estava cada dia mais linda, mais dedicada, *but*, no quesito relacionamento, ainda havia algo que não tinha sido visto. As dores e situações se repetem tanto que até o nome dos caras com que ela se envolveu depois de ficar solteira era o mesmo. Isso se chama padrão repetitivo. E, sim, cansa demais viver nesse *looping* de desamor. Mas a única chance de mudar é tomar o lugar de dona da sua vida.

Sabe por que ela ainda não havia evoluído nos relacionamentos como nas outras áreas da vida? Simples: ela ainda se deixava de lado para "conquistar" um tal *crush*, se adaptava ao que achava que ele queria ver, e não ao que ela era de verdade. Quando perguntei a ela: "Quem é a Laura que trabalha e está com as amigas, e quem é a Laura nas relações afetivas?", ela entrou em choque, porque não tinha percebido o quanto agia de modo diferente. Faltava amor? Não. Faltava descobrir quem ela era e se apresentar com verdade. Faz sentido?

Eu já vivi momentos assim, e provavelmente você também. Lembro de ter ficado maluca por um cara na academia uma vez. Lindo, alto, moreno, cabeludo e todo tatuado. Nada a ver com o perfil de homens que me chamavam a atenção. Mas ele era tão diferente de tudo, e eu achava que os outros eram o problema, que resolvi investir. Com ele pude perceber que quebrar um padrão não tem a ver só com o perfil de pessoa com quem você se envolve ou com o tipo de empresa onde você trabalha. Tem a ver com quem você é naquele momento. Se eu não aprendi nada com as últimas relações, vou repetir meus erros e, segundo a física quântica, também vou atrair pessoas dispostas a viver o mesmo tipo de erro.

É, meu amor, os contos de fadas mentem. Não, os opostos não se atraem. Atraímos pessoas, empregos, situações semelhantes ao que vivemos e pensamos sobre nós mesmas. E, por isso, o tatuado gato não foi diferente. Eu me anulava para ser perfeita para o outro até em coisas bobas e desnecessárias. Lembro que uma vez dei carona para ele e coloquei em uma rádio que só tocava rock, porque nitidamente era o que ele ouvia. Ignorei sem dó o fato de que eu amava *boy bands* e música pop só para agradar o cara. Ele entrou e, quando ouviu o que estava tocando, disse: "Nossa, não combina com seu estilo esse tipo de música". A parada era tão forçada que até ele percebeu e riu. No fim, eu e ele não demos em nada, porque eu já estava sem a menor paciência para fingir, conquistar e fazer joguinhos.

Quando conheci meu último namorado, conversamos por meses antes de eu aceitar o convite para jantar. E prometi para mim mesma que não seria mais uma *fake girl* (tipo *fake news*). Conversávamos a respeito de assuntos polêmicos, como política e religião, e eu falava sobre meus posicionamentos naturalmente, e ele sobre os dele. Falamos sobre sonhos, família, planos e projetos para o futuro de cada um, sem rodeios ou meias verdades. Eu finalmente me apresentei como sou de verdade e pá! Deu certo, por um ano e meio, até onde e quando eu pude ser e viver minha verdade e ele a dele. Comecei a escrever este livro namorando, inclusive. Uma relação que deu certo em muitos aspectos, até perder a reciprocidade, e por isso termino este livro solteira. E tá tudo bem. Meu amor por mim vai preencher a falta do amor dele. O que não faria sentido seria continuar uma relação em que eu precisaria me perder, para não o perder.

Moral da história: está na hora de descobrir quem é você de verdade e *recomeçar* essa forma de viver. *Agora!* Topa?

"Independência e vida era o seu grito de guerra. Sorte, saúde, sucesso, paz e alegria, a sua nova era."

Américo Simões

Mapa de possibilidades

A vida não é uma reta. Vivemos entre altos e baixos, entre erros e acertos. Não é novidade. O novo aqui é a forma como podemos ver os tais erros, que eu sempre preferi chamar de *aprendizados*. Minha aluna Laura precisou se envolver com pessoas que não faziam sentido para a expectativa dela, para aprender que o que ela quer e quem ela é importam. Então, que tal se dar a chance de ver além do óbvio?

Se amar é se redescobrir. E, aqui, eu te proponho, depois de 13 passos e técnicas cheias de amor, que você me responda:

- Quem sou eu quando estou sozinha, sem ninguém para provar algo ou impressionar?
- Quem eu sou quando estou na presença de outras pessoas?
- Quem eu quero ser amanhã? E quando é esse amanhã?

São perguntas parecidas com uma das nossas primeiras tarefas, eu sei, mas agora existe uma grande chance de as suas respostas serem diferentes – e eu torço por isso.

Ter possibilidades na vida é ter esperança. Entender que, se você não tiver uma vida padrão – casar, ter filhos e uma casinha linda –, pode virar à direita, seguir uma nova rota e criar o seu próprio padrão. E isso, minha filha, é o mais puro tipo de autoamor: quando você se vê definitivamente como protagonista, autora, proprietária da sua vida. E faz o que você realmente quer.

Enquanto você olhar para o que falta, não vai apreciar o que já tem.

Tarefa 1

Evolução das 5 saúdes

Eu já citei aqui o que a saúde representa no meu método de resgate de amor-próprio, não é? Somos um todo, por isso nem sempre quem tem o corpo físico esteticamente bonito e os exames em dia é uma pessoa realmente saudável.

Não fui eu que inventei o termo. Na verdade, estudei sobre 5 e até 8 saúdes nos muitos cursos de *coaching* e espiritualidade que fiz ao longo da vida. Já dei palestra sobre elas. Já ouvi a Monja Coen falar sobre elas também. Ou seja, dividir a saúde em partes não é uma novidade. Mas o que eu quero te dizer aqui é que, para amar a nossa vida, precisamos amar cada uma das "fatias da nossa pizza", porque aí, sim, estaremos num lindo recomeço.

Para isso, pontue para mim, de 0 a 10, como estão os seguintes itens neste momento da sua vida:

1. Exames periódicos.
2. Alimentação.
3. Prática de exercícios físicos.
4. Quantidade de ingestão de água.
5. Qualidade do sono.
6. Presença ou ausência de dores pelo corpo.
7. Qualidade dos pensamentos.
8. Autoconhecimento em geral.
9. Leitura de livros ou artigos que edificam.
10. Cursos, palestras, aulas que provocam evolução.
11. Qualidade das emoções.
12. Trocas afetivas das boas.
13. Carência afetiva.
14. Relações saudáveis.
15. Rituais de amor-próprio diários.
16. Momentos de lazer e diversão.
17. O saldo na sua conta bancária.
18. O ritmo em que seus planos se tornam reais.

19. O ânimo que sente ao estar no seu trabalho.
20. Tempo dedicado ao trabalho.
21. Tempo dedicado ao descanso.
22. A paz interior.
23. A fé em algo maior.
24. A fé em si mesma.
25. Crenças positivas sobre você.
26. Crenças sobre o próximo.
27. Crenças sobre o universo.

Agora, some a nota de cada item e divida por 27 para ter a média. Deu quanto? Mais ou menos que 7? Se tiver dado mais, estamos num caminho bem bom, minha filha. Sinal de que você tem olhado para cada parte da sua vida e, por isso, está muito mais perto de ser saudável. Agora... se a média tiver sido menos que 7, bora melhorar?

Tarefa 2

Roda da fortuna

No tarô de Marselha (sim, eu leio tarô e me ajuda demais a me conhecer melhor), a carta da Roda da fortuna representa resultados rápidos, porém cheios de altos e baixos. O mesmo pode acontecer com as suas saúdes: um item nota 10, enquanto outro não passa da nota 5. E aqui, eu quero te ajudar a girar a Roda, mas para sair do baixo e se manter "pra cima" na maior parte do seu tempo. Para ter resultados, evoluções e muito mais prazer e amor na sua vida, é preciso trabalhar com uma palavra mágica: *empenho*!

Empenho

s.m.

Grande disposição; interesse, afinco.

Eu trouxe uma das definições da palavra direto do dicionário, porque acho importante deixar claro que tudo o que vimos e testamos aqui só vai ser capaz de te ajudar a evoluir se você tiver uma baita dedicação com a sua vida. E, no geral, a gente se dedica a tudo, e por último a nós mesmas, aos nossos sonhos e ao que realmente faz diferença.

Por isso, quero te fazer só mais uma sugestão para alinharmos suas saúdes e deixar tudo tinindo: observe novamente as notas e cada um dos itens da tarefa anterior e responda: *empenho* para o item em que você já está dando o seu máximo e *desculpa* para aquilo que você sabe que sua dedicação é meia-boca e com certeza pode melhorar.

Saúde profissional
- *Propósito*
- *Usar habilidades*
- *Prazer no que faz*
- *Reconhecimento*
- *Grana*

Saúde física
- *Rotina*
- *Movimento*
- *Comer de tudo (sem sacanagem!)*
- *Cuidar de si (pôr o coração nisso!)*

Vida + equilibrada

Saúde emocional
- Playlists
- *Ter um pet*
- *Cuidar de planta*
- *Banhos de cheiro*
- *Pensar, sentir +*
- *Escrever*

Saúde da alma
- *Natureza*
- *Prece*
- *Descanso*
- *Fé*
- *Intuição*

Saúde mental
- *Autoconhecimento*
- *Leituras*
- *Lazer*
- Hobbies
- *Meditação*

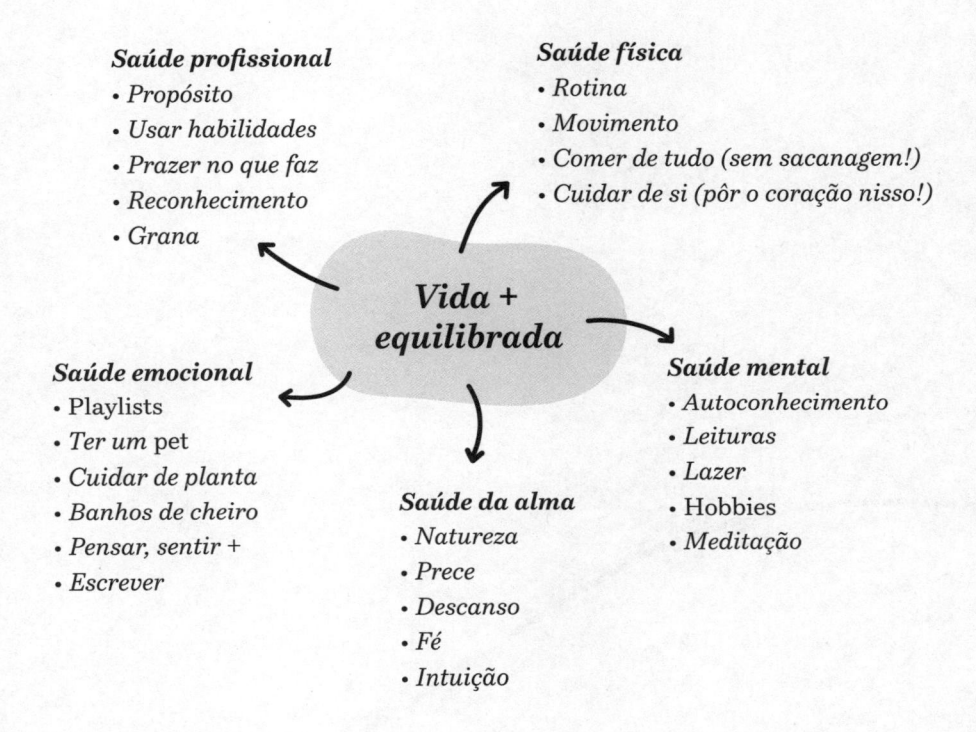

Entenda: as notas não são rótulos, mas uma forma de te fazer ver sua vida através desse exercício, como se fosse um espelho mais profundo, que mostra, além da sua roupa, de cabelo e maquiagem, a sua mente, alma, coração e tudo o que você vive. Dá pra levar uma vida nota 6 ou 7? Claro que sim. Mas uma vida média é literalmente medíocre. E quando a gente entende que somos donas da porra toda, sem arrogância, só com amor, a gente quer uma vida nota 10, cheias de sonhos vividos, e não apenas sonhados. Sabe por quê? *Porque a gente merece!*

15.
*realiz**ação***

Sonhos apaixonantes

Eu sou a prova viva de que amar a si mesma ajuda a realizar sonhos. Aliás, não só eu, mas este livro também. Se eu consegui sair daquele limbo emocional de dor, dúvida, autojulgamento e autopiedade, é claro que você também consegue. Para isso, precisamos ter *coragem* não para vencer medos, mas para vencer a covardia que nos mantém presas ao medo de crescer, de melhorar, de buscar uma vida com mais qualidade, relações com mais amor etc.

Eu já nem sei quantas vezes ouvi uma mulher me dizer: "Vivi, não amo mais meu parceiro, mas tenho medo de terminar e ficar sozinha para sempre". Ou ainda: "Quero um emprego melhor, mas este, pelo menos, paga minhas contas". E por aí vai. É por ouvir essas falas que percebo que não é medo do novo que te faz estacionar na vida. É covardia de se movimentar.

Falo em covardia e lembro de uma conversa recente com uma pessoa da minha vida pessoal, que não é minha aluna, mas que, sempre que tenho uma brecha, tento ajudar. E ela estava num momento desabafo, contando que tinha se afastado de uma amiga por não gostar de certos comportamentos dela, mas que não contou a essa amiga o motivo da distância. Apenas sumiu. Preferiu não contar o que sentia com tais comportamentos e, meses depois, apareceram sinais de psoríase pelo seu corpo. Expliquei a ela o que calar uma emoção poderia causar. Quando ela mencionou ter "medo" do que a outra pessoa poderia achar da sua opinião, eu disse: "Você se calou por medo do outro ou se acovardou em assumir o que pensa?". Ela ficou muda por alguns minutos e depois soltou baixinho um "faz sentido!".

Nos encontramos algumas semanas depois, e ela já estava tratando a psoríase, mas tinha melhorado muito. E eu perguntei como ela tinha feito para aliviar tão depressa. Ela disse: "Decidi não ser covarde. Pontuei o que me machucava. Ela entendeu. Voltamos a nos falar, e eu estou aliviada por ter tirado tudo daqui de dentro, inclusive o medo de me expressar". É exatamente isso que falta para ter coragem de viver mais sonhos e fantasiar menos.

"Nossas dúvidas são traidoras, e nos fazem perder todo o bem que poderíamos ganhar, por medo de tentar."

William Shakespeare

Fábrica de sonhos da fantasia

O poder de executar seus desejos é real. Mas a maioria das pessoas ainda não usa todos os poderes que tem. Seja o de se comunicar com clareza ou o de viver a vida que acredita que merece. Em vez de te sugerir formas de realizar sonhos, antes, quero te alertar para o que detona os desejos que vivem aí dentro. Os grandes vilões são:

1. *Sonhos irreais.*
2. *Falta de merecimento.*
3. *Comparação com o sonho dos outros.*

Sonhos irreais – Simples e rápidos de identificar, esses tais sonhos são aqueles em que a gente viaja na maionese, por exemplo, quando alguém pergunta numa mesa de bar: "O que você faria se ganhasse na Mega-Sena acumulada?", e você viaaaja... e, quando volta para a realidade, quase leva um tombo para encaixar no seu mundo outra vez. A pessoa nem sequer joga na tal Mega-Sena, mas sonha acordada com o prêmio, ou seja, irreal.

Esse comportamento é muito nocivo para o autoamor. Lembro de quando eu era bem gordinha e não me sentia bem com isso, e desejava acordar no meu peso ideal, sem mudança, empenho ou dedicação nenhuma. Não vai acontecer, simples assim. E aí, você, em vez de se encorajar a correr atrás dessa parada, tende a sentir pena de si, porque nada de bom acontece na sua vida. Quem aí já sentiu isso levanta a mão. \o/

Importante dizer aqui: não me refiro apenas aos sonhos materiais ou visuais. Mas a tudo na sua vida. Pequenas metas, pequenas conquistas. Tudo isso, quando for irreal, rápido demais, sem atitude da sua parte, sem movimento, vai te causar muito mais frustração do que realização.

Falta de merecimento – Não dá para desejar sem realmente se ver vivendo aquilo. Aqui, a lei da atração é matemática e, por isso, muito exata. Se eu desejo, se me vejo vivendo o que sonho, eu imagino qual caminho seguir para chegar lá. Até aí, ok. Mas, quando, no meio dessa jornada, aquela vozinha surge no seu ouvido e te faz duvidar de si: pá! Tela azul! Você trava e corta qualquer fluxo de prosperidade e ascensão na sua vida – afinal, emanamos aquilo que pensamos e sentimos, e as nossas ações dependem desse "combustível" para nos guiar. Na hora de se apaixonar por um projeto ou sonho novo, o merecimento é tipo a gasolina aditivada, entende?

Parece bobo, mas a gente não presta atenção nos nossos pensamentos. Muito menos nas reclamações. E isso é como uma tesoura de jardineiro na nossa fábrica de sonhos reais. Eu estava de papo com uma amiga um dia desses, e ela comentou que estava conversando com um cara fazia pouco mais de duas semanas. As coisas pareciam fluir bem entre os dois. Eu logo fiquei feliz e disse para ela: "Você merece, fulana!". E ela: "Nossa, menina, ele me trata tão bem que às vezes parece até mentira". Pá! Tela azul de novo. Falei na lata sobre ela acreditar que merece ser bem tratada e rever esse sentimento, porque isso poderia fazer com que se sentisse inferior ao cara e, na hora, eles se desconectariam. Espero ter ajudado!

Comparação com o sonho dos outros – Quem nunca teve uma amiga "copiona" que atire a primeira pedra. Mas, antes que você pense que é normal, eu te digo que é *comum*, mas *normal*, não. Isso nada mais é do que *muita* falta de autoconfiança – a tal ponto que eu pego o que já é vivido pelo outro como referência e uso a vida alheia como régua da minha.

Seria lindo se não fosse por um fato importante: *somos* únicos, lembra? Então, qual o sentido de sonhar em ter a vida de alguém que não se parece em nada com o que eu sou de verdade? Abri uma caixinha de perguntas para o meu tarô no Instagram e recebi a seguinte pergunta: "Prof., vou viver um amor como o seu?". E toda vez que eu abria a caixinha, a pessoa mandava a pergunta se comparando ao meu relacionamento – que ela nem sabia como era para querer um igual. Gravei até um vídeo como resposta e disse exatamente isto: "Mulher, não dá para viver uma relação como a minha, porque eu mal falo da minha vida pessoal aqui. Então, que tal olhar para o que você deseja viver em vez de querer viver o que o outro vive? Você merece uma relação tão linda quanto a minha, mas que seja só sua. Cuidado para não desperdiçar energia querendo a vida plena das redes sociais". Ela me respondeu agradecendo e disse que realmente perdia muita energia sonhando a vida das pessoas que ela seguia... enquanto isso, a vida dela ficava completamente em *standby*.

> **Sonhar é mágico, mas, se não for real,
> te machuca muito mais do que te faz feliz.**

Fábrica de sonhos da vida real

Agora sim, hora de viver uma realidade digna de quem adotou o amor-próprio como estilo de vida. E eu também quero te ajudar a entender mais sobre este universo. Mas antes, preciso te fazer uma pergunta importante: você já se sente mais apaixonada pela sua vida?

> **Sonho bom é aquele que a gente vive acordado.**

Se você respondeu "sim", ótimo. Vamos em frente. Se você respondeu "não", faça um *pit stop* a seguir:

> **Paixão**
>
> s.f.
>
> Sentimento, entusiasmo, predileção ou amor intensos.

Você já deve ter se sentindo assim: intensamente apaixonada, seja pelo amor da adolescência, seja um projeto novo de trabalho, pelo seu filho ou ainda pelo seu bichinho de estimação. Não importa quem ou o que – a paixão ofusca o medo, tira a razão do comando e te faz ousar, desejar e... sonhar.

Sabe o que isso significa? Que, aqui, o combustível é esse desejo intenso pela sua vida, por sucesso e felicidade. O empenho excessivo nas fantasias irreais, a paixão que você dedica mais ao outro do que a si mesma, e a falta de merecimento de se ver vivendo bem – que anda desaparecido do seu coração – perdem a força quando você traz toda a paixão para si mesma. E é isso que faz você amar a sua vida. Agora que você já sabe o que é sentir paixão por si mesma, bora aprender a praticar!

Sonhar é muito fácil, mas com a falta de amor-próprio a gente se sente tão incapaz, tão sem merecimento, que simplesmente evita sonhar só pelo medo de não dar certo. Em um dos exercícios do meu curso "Desafio 15 dias para se amar", falo sobre sonhos, inclusive os de infância. Resgatar nossa essência e o amor pelo viver também mora nesses detalhes perdidos, porque, ao longo da vida, a gente se "adultiza" demais. Então eu peço, citando o título do livro de Hugh Prather, que você, meu bem, "não leve a vida tão a sério" se quiser ser uma realizadora de sonhos. Por isso, antes de te deixar ir, eu quero te ajudar a lembrar do quanto você é capaz, maravilhosa e plenamente merecedora de realizar *todos* os sonhos que puder mentalizar.

Tarefa 1

Resgate sua criança interior

De um jeito simples, quero te fazer uma sugestão: divirta-se mais a partir de agora. E quando falo isso, é justamente para treinar aí no seu peito o poder de se apaixonar e merecer mais e mais resultados bons no amor, na carreira e em tudo na sua vida.

Uma vez, eu estava com uma aluna que tinha muita desconfiança na vida. Foram tantas decepções: amigos, amores, trabalho, família, que ela já não se via crente em nada. O lance de "adultizar" sobre o qual comentei e que nos tira a capacidade criativa da vida. Durante nossa mentoria, chegamos ao sabotador mais comum para ela: a autocrítica superalta, acompanhada do controlador fatal. Ou seja, ela não se permitia relaxar em nada, por medo de ser feita de boba, de perder uma chance, de fazer menos do que poderia. E aí... endureceu o coração.

Fizemos uma reprogramação mental e, durante o relaxamento, percebi exatamente quando as expressões do rosto dela relaxaram. Eu tinha sugerido que ela passasse por um túnel e, ao chegar do outro lado, encontrasse a sua versão criança. Pedi que, antes de brigar, criticar ou até mesmo dar ordens, ela abraçasse sua menina. Ali, naquele momento, trouxemos doçura, flexibilidade e a diversão de volta para a sua vida.

Sendo assim, você pode começar a ser mais leve desde já. Obviamente não tem passe de mágica. Aos poucos, é possível trazer mais entrega para sua vida, mais sonhos para realizar. Topa? Aposto que sim. Sua criança interior está doidinha para brincar, sonhar e viver.

- Ouça bem alto aquela música da banda favorita da sua adolescência (eu estou ouvindo Backstreet Boys agora).
- Coloque uma roupa colorida, estampada, divertida, que combine com seu estilo.

- Mude o cabelo, a maquiagem e até o perfume.
- Faça alongamento antes de dormir e ao acordar. A inflexibilidade emocional enrijece o corpo físico.
- Dance na chuva quando puder – foda-se a chapinha, a maquiagem.
- Grite quando estiver em frente ao mar ou até numa montanha-russa. Isso traz pro peito a liberdade que você precisa viver. Minha sobrinha morre de rir quando faço isso no meio do parquinho do *shopping*, sem nem ligar para o que o outro pensa sobre mim.
- Faça uma dancinha no TikTok e permita-se curtir a onda do momento.
- Coma o prato favorito da sua infância.
- Resgate seus *hobbies*: podem ser desenhos, coleções, exercícios. Tenho alunas que, inclusive, mudaram a carreira depois de relembrar *hobbies* de infância. Aqui moram *muitos* talentos.
- Amadureça a ideia de ter um *pet* caso ainda não tenha.
- E, se tiver, brinque com ele até suar.
- Pise na grama, mesmo que coce seu pé.
- Faça um piquenique no parque, sem vergonha dos outros.
- Tome sol sem pensar se o biquíni caiu bem ou não, e menos ainda se fulano está reparando na celulite.
- Se você tem filhos, dispense o celular e resgate as brincadeiras da sua infância.
- Se não tem, faça isso numa roda de amigos ou sozinha.

Agora me diz, qual desses itens você achou "ridículo" de fazer com a sua idade de hoje? Pois bem: é exatamente esse item que vai te ajudar a soltar mais esse medo e trazer de volta a *paixão* pela sua vida.

Tarefa 2

Hora de sonhar de verdade

Aqui a tarefa é simples. Depois de resgatar a alegria da criança interior, quero sugerir que você coloque no papel todos os sonhos que vierem à sua mente agora. De todas as áreas da vida. E, antes que você tenha medo de sonhar, por medo de não realizar, lembre-se de quando uma criança está aprendendo a andar. Ela não cai uma, nem duas vezes. Ela cai várias, chega até a se machucar, chorar, mas só para quando consegue dar seus passinhos. E isso, meu amor, é o empenho que eu quero te ver colocar em prática para tudo na vida a partir de agora.

Então conta para mim, com a maior riqueza de detalhes possível:

- Como você quer que sua vida esteja daqui a dez anos.
- O seu maior sonho quanto à sua vida sentimental.
- O seu maior sonho quanto ao corpo e à mente.
- Qual o saldo que sua conta bancária merece ter.
- Os sonhos mais malucos que você nunca contou para ninguém.
- Onde você quer morar.
- Os cursos que deseja fazer.
- O que você tem vontade de fazer.

Agora, com a riqueza de detalhes descrita aqui, eu te convido a participar do último exercício de reprogramação mental no QR Code abaixo. Para que ele funcione bem, quero te fazer algumas sugestões:

Abra seu coração. Deixe sua imaginação te guiar. Quanto maior for seu estado de relaxamento, confiança e entrega, maiores serão as chances de sua mente te levar para passear em lugares muito profundos dentro de si mesma.

Diminua desde já a autocrítica, para não podar sua imaginação.

Observe as reações físicas do seu corpo.

viva pra se amar

Ao terminar o exercício, pegue seu caderno especial, descreva como se sente e volte a detalhar mais os sonhos listados antes.

Faça este exercício sempre que precisar lembrar que só você é capaz de realizar tudo isso que viu aqui.

Aponte a câmera do seu celular ou utilize a URL https://youtu.be/UKoVphgf3Xs para acessar.

*Viva pra **se amar***

Depois de 15 passos, é hora de viver um novo tempo

Uma música que cai perfeitamente bem neste nosso último momento antes de viver a vida com mais amor-próprio é "Novo tempo", de Ivan Lins. Trazendo o que a letra diz ao que aprendemos aqui, acho que podemos sentir mais calma, mais entrega e um pouco mais de paciência. Apesar de não ser perfeita, você pode se amar mais. Apesar de já ter sido magoada, você pode seguir tentando. Apesar de ter se frustrado, você pode sempre sonhar mais uma vez.

**"No novo tempo
Apesar dos castigos
Estamos crescidos
Estamos atentos
Estamos mais vivos
Pra nos socorrer."**

Ivan Lins

O amor é isso. Um sentimento completamente flexível. Num dia, quando ele é sentido de uma forma meio torta, você tem até ódio de amar, seja alguém, seja alguma coisa que não saiu como esperado. Num passe de mágica, o mundo fica colorido outra vez, o coração bate mais forte, e você simplesmente ama ser quem é e ama tudo o que envolve sua vida.

Eu não quero te sugerir mais nenhuma tarefa. Apenas que sinta orgulho de si mesma como eu estou sentindo. Comecei este livro com vontade de te dizer tantas coisas, de fazer dele o meu sonho realizado, e sabe o que percebi aqui? Que, quando me entreguei a ele, saiu muito melhor do que eu imaginava.

Então, se existe algo que eu não sugeri nas tarefas, mas te deu vontade de fazer durante este processo, faça, e vai lá no meu Instagram me contar o que foi. Quero saber das suas percepções de vida, de presente, de futuro, depois de trocar os óculos da crítica, da inferioridade, da busca pela perfeição pelos óculos da empatia por si, do autorrespeito e da liberdade de ser quem você merece e quer ser.

Sua nova versão não tem modelo pronto, tem você, redescobrindo prazeres e desejos, e modelando tudo isso da forma que fica melhor para o seu mundo, que é diferente do meu. E isso é tudo que importa.

Coloque a música do início do nosso último capítulo para tocar, se fotografe, se declare e simplesmente *viva pra se amar* cada dia mais a partir de hoje. Combinado?

Eu estou tão feliz de ter sua companhia até aqui. Sinto como se estivéssemos num longo papo de amigas, que vai repercutir nos próximos dias dentro de cada uma de nós. Que honra poder me abrir e contar como é bom aprender a se amar, e te mostrar que não são necessariamente caminhos apenas de dor, luta e sofrimento – como muita gente quer te convencer.

Eu mereço ser e viver o amor.

Você merece ser e viver o amor.

E pelo amor que trocamos aqui, eu te agradeço. E te convido a viver o amor como um estilo de vida para sempre. Topa?

Não vou me despedir, porque sei que voltaremos a nos encontrar de alguma forma em breve, num próximo livro, nas redes sociais do Vivipraisso, não importa. O que importa é o amor que nos invadiu aqui.

Um grande beijo cheio de amor e carinho.

Referências

ATALLA, Marcio; COELHO, Desire. *A dieta ideal*. São Paulo: Paralela, 2015.

AKAPOETA (João Doederlein). *O livro dos ressignificados*. São Paulo: Paralela, 2017.

BERNARDO, André. Síndrome da feiura imaginária: conheça a dismorfia corporal. *Veja Saúde*, 8 nov. 2019. Disponível em: https://saude.abril.com.br/mente-saudavel/sindrome-da-feiura-imaginaria-conheca-a-dismorfia-corporal/. Acesso em: 12 abr. 2022.

BROWN, Brené. *A coragem de ser imperfeito*. Rio de Janeiro: Sextante, 2016.

BUENO, Alexandre. 'Será que sou uma fraude?' Conheça a síndrome do impostor. *Faculdade de Medicina UFMG*, 28 ago. 2019. Disponível em: https://www.medicina.ufmg.br/sera-que-sou-uma-fraude-conheca-a-sindrome-do-impostor/. Acesso em: 12 abr. 2022.

CHAMINE, Shirzad. *Inteligência positiva:* por que só 20% das equipes e dos indivíduos alcançam seu verdadeiro potencial e como você pode alcançar o seu. Rio de Janeiro: Fontanar, 2013.

DUHIGG, Charles. *O poder do hábito:* por que fazemos o que fazemos na vida e nos negócios. Rio de Janeiro: Objetiva, 2012.

GURGEL, Alexandra. *Comece a se amar*. Rio de Janeiro: BestSeller, 2021.

MAGUI. *Oráculo do pão:* alquimia & milagre. Belo Horizonte: Pop Paper, 2011.

MARQUES, José Roberto. O que é neuroplasticidade? *IBC – Instituto Brasileiro de Coaching*, 11 abr. 2018. Disponível em: https://www.ibccoaching.com.br/portal/o-que-e-neuroplasticidade/. Acesso em: 7 fev. 2022.

MCKEOWN, Greg. *Sem esforço:* torne mais fácil o que é mais importante. Rio de Janeiro: Sextante, 2021.

MELISSA, Flavia. *365 reflexões para viver o agora:* mensagens inspiradoras para o despertar. São Paulo: Planeta do Brasil, 2018.

OURIVES, Elainne. *DNA milionário:* aprenda a reprogramar a sua mente, cocriar a sua realidade, mudar quanticamente o seu DNA, aumentando a sua frequência vibracional para entrar em ressonância e alinhamento com o sucesso financeiro. São Paulo: Gente, 2019.

_____. *DNA revelado das emoções:* como as emoções agem secretamente em nossas vidas. São Paulo: Gente, 2021.

PINTTO, Guilherme. *Seja o amor da sua vida.* São Paulo: Planeta do Brasil, 2018.

PRATHER, Hugh. *Não leve a vida tão a sério:* pequenas mudanças para você se livrar de grandes problemas. Rio de Janeiro: Sextante, 2004.

PUGA, Ana Paula. Você sabe o que é flow?. *Vida Simples,* 2019. Disponível em: https://vidasimples.co/colunistas/voce-sabe-o-que-e-flow/. Acesso em: 3 fev. 2022.

RISO, Walter. *Amar ou depender?* Como superar a dependência afetiva e fazer do amor uma experiência plena e saudável. São Paulo: Planeta do Brasil, 2021.

ROBBINS, Anthony. *Poder sem limites:* o caminho do sucesso pessoal pela programação neurolinguística. Rio de Janeiro: BestSeller, 2015.

ROCHA, Maria José Azevedo de Brito; CÓRDAS, Taki Athanassios; FERREIRA, Lydia Masako (ed.). *Transtorno dismórfico corporal:* a mente que mente. São Paulo: Horogrefe, 2018.

SELIGMAN, Martin. *Florescer:* uma nova compreensão da felicidade e do bem-estar. Rio de Janeiro: Objetiva, 2011.

SIMÕES, Américo. *Mulheres fênix:* recomeçando a vida. São Paulo: Barbara, 2007.

THEBAS, Cláudio. *Ser bom não é ser bonzinho:* como a comunicação não violenta e a arte do palhaço podem te ajudar a identificar e expressar as suas necessidades de maneira clara e autêntica – e evitar julgamentos, como o deste título. São Paulo: Planeta do Brasil, 2021.

Músicas

"Era uma vez". Interpretada por Kell Smith. Escrita por Keylla Cristina Gomes dos Santos (Kell Smith). Fonte: Midas Music.

"Novo tempo". Interpretada por Ivan Lins. Escrita por Ivan Lins e Vitor Martins. Fonte: EMI Brazil.

**Acreditamos
nos livros**

Este livro foi composto em Bressay e Scala
Pro e impresso pela Gráfica Santa Marta para
a Editora Planeta do Brasil em junho de 2022.